大相撲と鉄道

きっぷも座席も行司が仕切る!?

木村銀治郎
Kimura Ginjiro

〈イラスト〉
能町みね子
Nomachi Mineko

JN249833

交通新聞社新書 150

〈題字〉木村銀治郎

はじめに

行司の木村銀治郎と申します

大相撲で行司をやっております、木村銀治郎と申します。昭和49年（1974年）12月30日生まれ、東京都墨田区向島の出身です。

私は元来好奇心旺盛です。一旦興味を持ったものを、「もっと知りたい！　もっと解りたい!!」と、掘り下げてしまうところがあります。

そんな私の趣味の一つが「鉄道」です。

鉄道ファンは乗り鉄、撮り鉄のほか鉄道模型、廃線探訪、廃品の蒐集、乗車券・入場券・記念乗車券の蒐集などさまざまなジャンルに細分化されていますが、私がハマったのは駅弁の掛け紙蒐集です。賞味期限が刻印された食品表示ラベルを丁寧に剥がし、掛け紙の裏側に貼り直してからファイルに収めています。ファイルを開けば、いつどこでどんな駅弁を食べたのかが一目瞭然です。

架線や信号機にも夢中になりました。デッドセクション（交直流の電気切り替えの際に生じる、電気が流れていない死電区間のこと）を体感するために現地へ赴くことはもちろん、中継信号機の現示変化を眺め続けることもしばしばです。大宮駅付近の新幹線高架下にある架線工場訓練所を見学したことも、埼玉県川口市にある信号機製作所を訪ねたこともあります。

実は「大相撲」も、私にとっては趣味の一つでしかありませんでした。

中学生の頃は、朝8時に国技館で本場所の当日券を買ってから登校し、下校後に大相撲を観戦していました。関取衆からサインをもらうことが目当てでしたが、だんだんと大相撲そのものに興味が移ってきました。

その当時、実家が両国でラーメン店を営んでいる同級生がいました。彼は大相撲、プロ野球、プロレスのほか、鉄道、政治経済へ至るまでに精通した雑学王でした。特に大相撲においては、私と同学年男子との「取組編成」をつくり、休み時間に十番勝負を行うほどの力の入れようでした。私の大相撲への興味は彼からの影響が大きく、今思えば、彼こそが相撲の魅力を心身ともに叩き込んでくれた恩人です。彼に出会わなければ、趣味の一つでしかなかった大相撲に、ここまでのめり込むことはなかったでしょう。

大相撲にのめり込むとはいえ、私には「力士になりたい」という気持ちはまったくありませんでした。中学1年の3学期頃には、「卒業したら行司になりたい」という人生の目標を設定しました。中学3年、平成元年五月場所中のこと、当時部屋を興したばかりの峰崎親方（元幕内三杉磯）のもとへ入門のお願いに上がり（行司は日本相撲協会員だが、必ずどこかの相撲部屋に所属しなくてはいけない）、翌平成2年3月、中学卒業と同時に、三月場所で初土俵を踏みました。以来30余年を角界に身を置いています。

本書では、幕内格行司にして鉄道ファンである私が、大相撲と鉄道の関係性がうかがえる歴史や雑学などを記してまいります。なかでも「相撲列車」のきっぷ手配などを行う「輸送係」の仕事ぶりや、相撲列車の実情は、今まであまり世に出ていない情報ではないかと思っております。ぜひこれを機に、乗り鉄、撮り鉄らと並べて、「大相撲鉄」にも、皆さまの興味を広げていただけたらと願います。

著者

大相撲と鉄道――目次

第二章 相撲列車は、こんな列車だ……35

寝台車を連結した特別仕様
最後の常備券手書き団券
団臨は、青函トンネルを直通できなくなった
沼津~三島駅間の在来線活用（遠藤関に大騒ぎ）
好評だった、九州新幹線N700系8000番台貸切編成
秋田~立川駅間の思い出（本当は乗りたかった！）
1両に最大100名。大移動時の相撲列車内
力士は座席をリクライニングしない
グリーン車に乗れるのは十両以上の関取衆
完全貸切の団臨では、ステテコ姿
出発駅の待ち時間でリラックス
出迎え人数が一番多いのは名古屋駅
横綱でも、巡業部長より先には改札を出られない
改札口に立つ「風紀係」

普通列車でもグリーン料金を支給する
団臨では横綱でも普通車が吉
親方衆の隣には誰が座るのか
巡業における繁忙期の座席利用
力士1人当たりの座席数
「お尻が大きい」と、グリーン車に座れない
力士2人での移動の場合、選ぶ座席はA席とC席
座席割は車内中央から。その理由とは
横綱・大関は付け人とセット
さまざまな工夫と好み（マゲの収納場所など）
名古屋駅からは、力士は席を分散して乗車
車両だけでなく、乗車口も分散
定期列車でも分便して移動することがある
航空機移動より鉄道移動がベター

第三章 まだある大相撲×鉄道雑学……145

序章

大相撲は、年間を通じて全国をめぐります。力士など総勢280人ほどが乗る列車は、「相撲列車」と呼ばれています。そして私たち行司は、「相撲列車」の「行いを司る」ことに、一役かっているのです。

ご存じ、土俵上での行司の役割

大相撲における私たち行司の役割は、両力士が土俵へ上がり、両力士と呼吸を合わせながら仕切りを続け、立ち合いから勝負が決まって勝ち名乗りを上げるまでの一切の「行いを司る」ことです。

取組を合わせて（さばいて）、勝負の判定を東西いずれかの勝ち力士に軍配を用いて明確に表します。判定がむずかしい取組でも、必ずどちらかに軍配を挙げなければなりません。土俵下では、黒紋付羽織袴の正装をした5名の審判委員が取組を見ています。行司の軍配に疑問を抱けばすぐに「物言い」を付けて、ビデオ室と連携しながら土俵上で協議に入ります。行司が示した軍配が正しければ何も問題はありませんが、逆の結果であったならば「行司軍配差し違い」として、行司へのペナルティーになってしまいます。その数が多いと賞罰の対象になることもあります。

行司はあくまでも勝負結果の判定を行うだけです。決定権は与えられていません。最終的な決定権は審判委員にあり、その結果に対し行司が異議申し立てを述べることは禁じられています。

土俵を離れると、行司の仕事は多岐にわたる

一方、土俵を離れたのち、テレビ中継などもちろんされない、行司の多岐にわたる仕事はあまり知られていないかもしれません。

「相撲字」を書くことも行司の仕事です。実は、「行司は習字」といわれるほどに、行司にとっては大切な仕事です。相撲字は、楷書を肉太に、隙間を埋めて書く独特の文字のことです。年間6場所ある本場所ごとに発行される番付表や館内の電光掲示板、取組の一つひとつを書きつけた「顔触れ」にある相撲字も、すべて行司が書いています。

「東方○○山。○○県○○市出身○○部屋」「この取組には、旅のおともに交通新聞社の時刻表から懸賞があります」「ただ今の決まり手は押し出しで○○山の勝ち」……などのフレーズを館内やテレビ、ラジオを通じて聞いたことがあると思いますが、この場内アナウンスも行司が行っています。

そのほか、決まり手の紹介、来場者への注意喚起とご案内、千秋楽の表彰式のアナウンスも行司によります。土俵での出番を終えた行司が装束からスーツに着替えて、ただちにアナウンス席へ向かうなんてことも多々あります。福岡で行われる十一月場所（九州場所）では相撲終了後、西鉄バスが博多駅と、天神（西鉄福岡駅とその一帯）に臨時直行バ

スを運行しますので、そちらのアナウンスも行います。

さらに、土俵入りの先導や土俵祭（本場所初日の前日に行われる祭事。新しく構築された土俵で行われる）の祭主、取組編成会議や番付編成会議の書記役、決まり手や勝負結果の記録と全力士の星取表の作成、取組表の校正、地方場所の経理補佐、地方巡業における勧進元（興行主）との折衝補佐、宿泊や部屋割の補佐、移動手段の確保、各々の所属部屋の後援会との連絡や冠婚葬祭の案内状・礼状書き、イベントやパーティーの受付や司会進行など、枚挙にいとまがありません。

このように、多岐にわたる仕事のなかでも、現在私が担当している「輸送係」は、移動手段の確保に当たる仕事で、鉄道とかかわる事由です。仕事内容は次章で詳しく説明したいと思います。

行司にも階級がある

行司にも、力士同様に階級があります。立行司（たてぎょうじ。木村庄之助と式守伊之助。式守伊之助を襲名しないと木村庄之助を襲名することはできない）から三役格・幕内格・十両格・幕下格・三段目格・序二段格・序ノ口格と8つの階級から成り立っています。幕下格から序ノ口格までは装束の袴を膝下で束ねて結び、素足で土俵に上がりますが、十両格になりますと、長い袴で白足袋を履き、幕下格以下の養成員とは区別され、有資格者として一人前の待遇を受けられます。付け人を付けることも許されます。三役格以上ではさらに待遇がよくなります。行司における最高位の階級である立行司は、脇差し（短刀）を差して土俵に上がることになります。

私の現在の地位は幕内格です。

行司の採用基準は、義務教育を修了した満19歳までの男子で、定員が45名、停年が65歳と決められています。通常ですと高卒がぎりぎりの採用ラインで、大卒者では行司になれないシステムです。月給は、所属部屋からではなく、日本相撲協会から支払われます。

大相撲は年間を通じて日本全国をめぐる

大相撲の1年間は、力士の番付の地位・給料を決定する年6回の本場所と、春夏秋冬4回の地方巡業から成り立っています。年間スケジュールはおおよそ次のとおりです。

1月　一月場所（通称・初場所。会場は両国国技館）
2月　日本大相撲トーナメント、NHK福祉大相撲（会場は両国国技館）など
3月　三月場所（通称・春場所、もしくは大阪場所）
4月　春巡業
5月　五月場所（通称・夏場所。会場は両国国技館）
6月　海外巡業など
7月　七月場所（通称・名古屋場所）
8月　夏巡業
9月　九月場所（通称・秋場所。会場は両国国技館）
10月　秋巡業
11月　十一月場所（通称・九州場所）
12月　冬巡業

一月場所を終え、東京に2月下旬まで滞在した後に大阪へ乗り込み、3月下旬まで滞在します。その後、伊勢神宮を皮切りに東海、関西、北陸、信州、関東をまわる春巡業に出

発し、４月下旬に帰京となります。

五月場所を終えた６月は、要請があれば海外巡業へ赴きます。海外巡業がない場合は各部屋で稽古に打ち込みます。部屋単位の合宿もこの時期に行われることが多いです。

６月下旬に名古屋へ乗り込み、七月場所を終えても帰京せずに、ただちに夏巡業へ出発します。東海、信越、東北、北海道へと渡り、再び東北から関東へ戻って来るのが通例で、８月下旬にやっと帰京します。

九月場所を終えてからが、一番長く東京を離れる期間になります。10月上旬から関東を皮切りに北陸、関西、山陰、四国、中国地方を経て、帰京することなく、そのまま関門海峡を渡り、10月下旬に九州の博多へ乗り込みます。

十一月場所を終えてからの12月の冬巡業では、九州地方をまわり、沖縄へ渡ります。奄美諸島で巡業があるときは、鹿児島から船で出発し、奄美諸島へ渡り、再び船で沖縄へ入る行程を組みます。沖縄本島の巡業の後、宮古島、石垣島で巡業を行うこともあります。

10月上旬に東京を離れると、帰京はクリスマス近くになってからとなります。この期間は帰京せずにずっと旅を続けています。長い間自宅を離れ久しぶりに帰宅した際、幼い我が子に後退りされ大泣きされた力士がいたというエピソードもあります。

平成三十一年 春巡業日程 先発親方

- 三月三十日(土) 道中
- 三十一日(日) 伊勢神宮奉納大相撲 玉垣
- 四月一日(月) 奈良県五條市([illegible]) 時津風
- 二日(火) 奈良県奈良市([illegible]) 式秀
- 三日(水) 兵庫県加古川市(総合体育館) 枝川
- 四日(木) 兵庫県豊岡市(総合体育館) 清見潟
- 五日(金) 京都府宇治市([illegible]) [illegible]川
- 六日(土) 三重県津市([illegible]) 小野川
- 七日(日) 愛知県西尾市(総合体育館) 熊ヶ谷
- 八日(月) 休養日
- 九日(火) 静岡県静岡市([illegible]) 雷
- 十日(水) 東京都八王子市([illegible]) 間垣
- (一旦帰京)
- 十一日(木) 道中
- 先発者 川崎市[illegible]
- [illegible]

令和元年 夏巡業日程と先発親方

- 七月二十七日(土) 道中
- 二十八日(日) 岐阜県岐阜市(で愛ドーム) 松ヶ根
- 二十九日(月) 大阪府羽曳野市(市立総合スポーツセンター) 式秀
- 三十日(火) 滋賀県草津市(野村公園体育館) 枝川
- 三十一日(水) 福井県越前市(AW-エスポーツアリーナ) 千田川
- 八月一日(木) 富山県富山市(総合体育館) 不知火
- 二日(金) 長野県松本市(総合体育館) 君ヶ濱
- 三日(土) 埼玉県所沢市(市民体育館) 小野川
- 四日(日) 千葉県東金市(東金アリーナ) 中村
- (一旦帰京)
- 五日(月) 道中
- 六日(火) 東京都立川市(アリーナ立川[illegible]) 青葉城

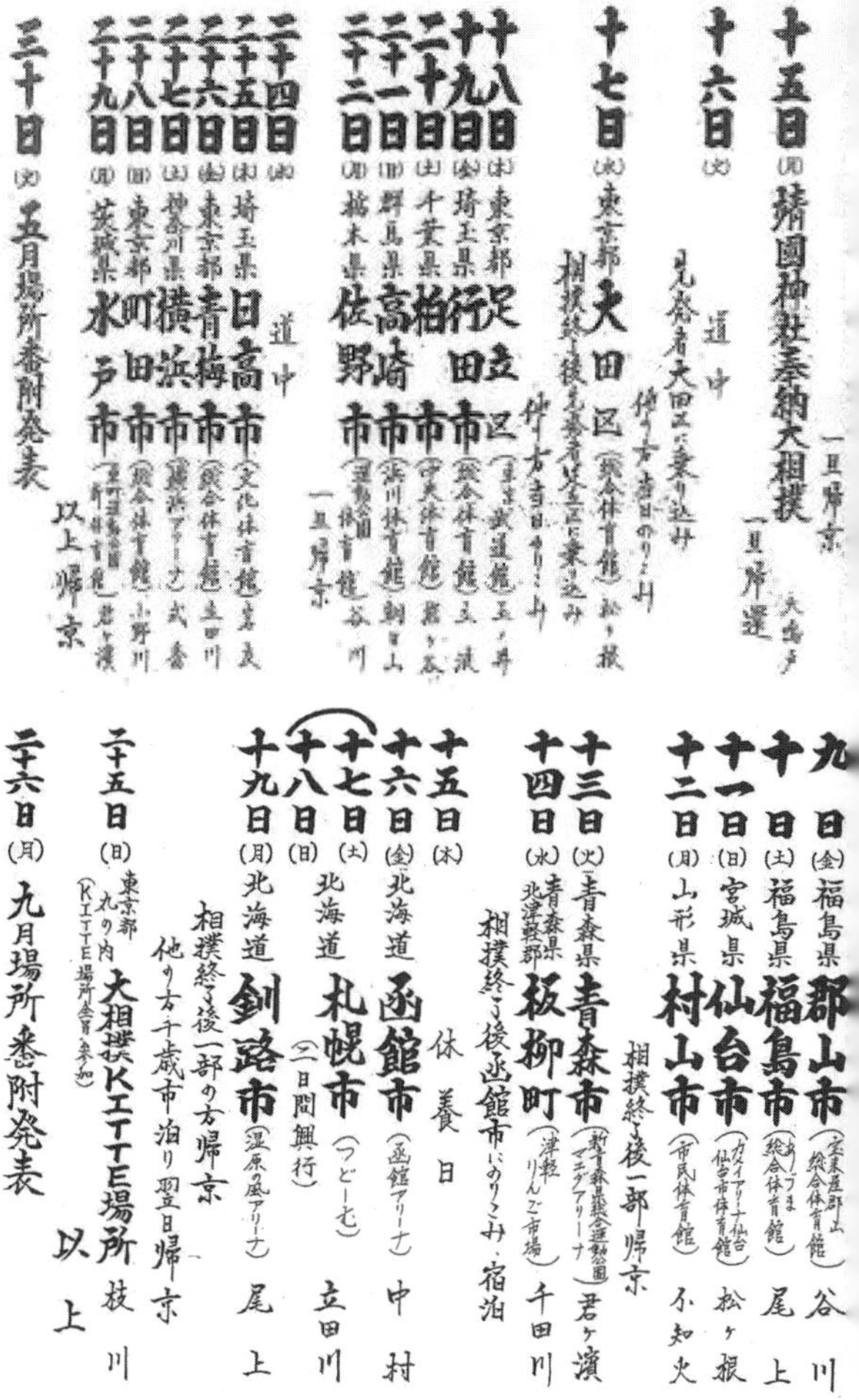
十五日(月) 靖國神社奉納大相撲 一旦帰京
十六日(火) 道中
十七日(水) 東京都大田区（総合体育館） 松ヶ根
十八日(木) 東京都足立区
十九日(金) 埼玉県行田市（総合体育館）
二十日(土) 千葉県柏市（中央体育館）
二十一日(日) 群馬県高崎市
二十二日(月) 栃木県佐野市 谷川
一旦帰京
二十四日(水) 道中
二十五日(木) 埼玉県日高市（文化体育館）
二十六日(金) 東京都青梅市（総合体育館）
二十七日(土) 神奈川県横浜市（横浜アリーナ） 式秀
二十八日(日) 東京都町田市（総合体育館） 小野川
二十九日(月) 茨城県水戸市 君ヶ濱
以上帰京
三十日(火) 五月場所番附発表

九日(金) 福島県郡山市（宝来屋郡山総合体育館） 谷川
十日(土) 福島県福島市（あづま総合体育館） 尾上
十一日(日) 宮城県仙台市（カメイアリーナ仙台 仙台市体育館） 松ヶ根
十二日(月) 山形県村山市（市民体育館） 不知火
相撲終了後一部帰京
十三日(火) 青森県青森市（新青森県総合運動公園マエダアリーナ） 君ヶ濱
十四日(水) 青森県北津軽郡板柳町（津軽りんご市場） 千田川
相撲終了後函館市にのりこみ、宿泊
十五日(木) 休養日
十六日(金) 北海道函館市（函館アリーナ） 中村
十七日(土) 十八日(日) 北海道札幌市（つどーむ）（二日間興行） 立田川
十九日(月) 北海道釧路市（湿原の風アリーナ） 尾上
相撲終了後一部の方帰京
他の方千歳市泊り翌日帰京
二十五日(日) 東京都丸の内 大相撲KITTE場所（KITTE場所企画・参加） 枝川
二十六日(月) 九月場所番附発表
以上

平成31年～令和元年の巡業日程表

令和元年 秋巡業日程と先発親方

十月

四日（金）　道中　竹縄
五日（土）　石川県　七尾市（総合体育館）　竹縄
六日（日）　石川県　金沢市（総合体育館）　大鳴戸
七日（月）　富山県　砺波市（富山県西部体育センター）　清見潟
八日（火）　新潟県　糸魚川市（市民総合体育館）　鳴戸
九日（水）　栃木県　大田原市（県立県北体育館）　不知火
十日（木）　千葉県　千葉市（千葉ポートアリーナ）　浦風
十一日（金）　神奈川県　相模原市（市立総合体育館）　立田川
十二日（土）　山梨県　甲府市（アイメッセ山梨）　千田川
十三日（日）　静岡県　伊豆市（天城ドーム）　小野川
十四日（月）　静岡県　焼津市（総合体育館）　松ヶ根
相撲終了後浜松市に移動・宿泊
十五日　休養日
十六日（火）　静岡県　浜松市（浜松アリーナ）　岩友
十七日（水）　愛知県　常滑市（愛知県国際展示場）　間垣
十八日（木）　京都府　京都市（島津アリーナ）　立浪
十九日（金）　大阪府　門真市（東和薬品ラクタブドーム）　濵風
二十日（土）　兵庫県　姫路市（ウインク体育館）　枝川
相撲終了後安芸市に移動・宿泊
二十一日（月）　休養日
二十二日（火）　高知県　安芸市（安芸ドーム）　二十山
二十三日（水）　岡山県　倉敷市（水島緑地福田公園体育館）　鳴戸
二十四日（木）　島根県　出雲市（出雲ドーム）　尾上
二十五日（金）　広島県　三原市（三原リージョンプラザ）　九重
二十六日（土）　広島県　広島市（マエダハウジング東区スポーツセンター）　式秀
二十七日（日）　広島県　福山市（ローズアリーナ）　清見潟
以上博多のりこみ
二十八日（月）　令和元年十一月場所番附発表

令和元年 冬巡業日程と先発親方

十一月三十日（土）　道中
十二月一日（日）　福岡県　直方市（直方市体育館）　高崎
相撲終了後一泊
二日（月）　道中
三日（火）　山口県　下関市（県立下関武道館）　立田川
四日（水）　熊本県　人吉市（スポーツパレス）　式秀
五日（木）　福岡県　うきは市（うきはアリーナ）　枝川
六日（金）　大分県　大分市（県立武道スポーツセンター）　清見潟
七日（土）　熊本県阿蘇郡　小国町（町民体育館小国ドーム）　尾上
八日（日）　鹿児島県　鹿児島市（鹿児島アリーナ）　立浪
相撲終了後鹿児島市内宿泊
九日（月）　道中
十日（火）　長崎県　諫早市（中央体育館）　君ヶ濵
十一日（水）　佐賀県　佐賀市（総合体育館）　松ヶ根
相撲終了後一部帰京　他の方福岡市内宿泊
十二日（木）　休養日
十三日（金）　道中
十四日（土）
十五日（日）　沖縄県　うるま市（二日間興行）（具志川ドーム）　千田川
以上帰京
二十四日（火）　令和二年一月場所番附発表

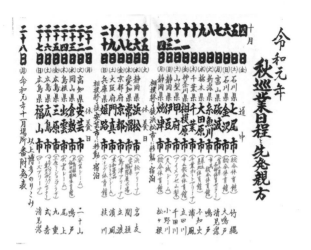

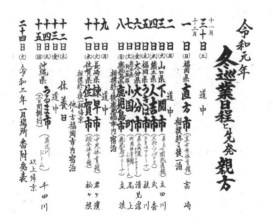

大相撲には、年間を通してオフシーズンはありません。

このようなスケジュールの中、力士とその付け人、日本相撲協会の巡業部長、副部長、審判委員、選ばれた行司と若者頭、世話人、呼出し、床山、トレーナーの一行、総勢280人ほどが鉄道、貸切観光バス（約9〜10台）、航空機、船舶など、ありとあらゆる手段を使って日本列島を縦断します。

特に地方巡業は、興行日が1日限りのところがほとんどですから、興行が終わるとすぐに次の興行地へと移動し、終わればすぐに次の興行地へと、移動の繰り返しとなります。日数的には、本場所が15日間×6場所＝90日間、巡業が年間90〜100日ですから、本場所と巡業とは、だいたい同じ日数ということになります。

地方巡業の最大の目的は、大相撲の普及

日本相撲協会にとって、地方巡業は本場所開催とともに大切な事業です。日本相撲協会は地方巡業を開催するにあたり、「勧進元」と呼ばれる主催者に興行権を渡します。そして、勧進元が巡業を開催します。勧進元の形態は、地元の商工会議所、青年会議所、ライオンズクラブ、農協、その他企業、個人などさまざまです。

巡業の最大の目的は大相撲の普及です。本場所を観戦する機会の少ない方々がいる地域へ赴き、テレビで見るのとは違う力士の大きさ、稽古の様子、土俵入りや取組をライブで披露し、日本の国技の伝統文化とその奥深さを体感していただきます。

巡業中の力士は本場所中のようにはピリピリしていませんので、力士との距離が近いことも魅力の一つです。会場のあちこちで、気軽に話したり、写真やサインのリクエストに応じたりしている光景が見られます。

そのほか、興行の合間をぬって、老人ホームや社会福祉施設へ出かけることもあります。神社仏閣で横綱の奉納土俵入りを行うこともあります。

勧進元は約1年前から準備にかかります。毎年巡業が行われている地域もあれば、数年に一度、なかには半世紀以上ぶりに開催されたという地域もあります。開催地は数日前からお祭り騒ぎです。相撲団が乗り込むと、翌日からすぐに巡業が開催されます。街の人たちのボルテージも一気に上がります。

近年の巡業は、首都圏や人口の多い地方都市で行われることが多くなってきました。集客を見込める中核市での開催は、スポンサーの獲得や広告収入、物販の売上のほか、さまざまな方面で多大なメリットを生みます。しかしながら巡業の目的は、「大相撲の普及」

に加えて「地域の活性化、青少年育成」ですので、全国津々浦々、離島も含めてより多くの街へ出向くのが理想といえるでしょう。本場所と地方巡業の、両方に出かける方が増えてきているので、特に夏の北海道巡業や、冬の沖縄巡業は全国各地からのファンで賑わっています。

江戸時代に定期的な巡業が定着

歴史的な話にも、触れておきます。

日本の相撲のはじまりは、古事記や日本書紀のなかにも登場した「力くらべ」や「伝説」とされています。平安時代には秋の収穫を祝う宮廷行事として、鎌倉時代から戦国時代にかけては武士の戦闘の訓練として行われるようになりました。織田信長は相撲を愛好し、各地から力士を集めて上覧相撲を催したとも伝わっています。

江戸時代に入ると、土俵が造られるなどルールが整備されると同時に、相撲を職業とする力自慢が現れ、全国で「勧進相撲」が行われるようになりました。そして江戸中期には定期的に相撲が興行され、将軍上覧相撲も行われ、力士は本格的に日本全国各地を行き来するようになったのです。

関取道中之圖
秀の山
一陽齋豊國画
高友
香蝶樓豊國画
高友

歌川豊国（三代）による「関取道中之図」。右から秀の山、小柳、剣山。
いずれも江戸時代の人気力士。提供：相撲博物館

江戸時代の興行の移動手段は徒歩、駕籠、馬、舟などでした。とはいえ道路については、各宿場を結ぶ街道筋こそ整備されているものの、農村等での整備はまだまだです。これは幕府が、農民がその土地から逃げ出すことを恐れていたからです。

江戸時代に活躍した強豪力士、雷電為右衛門の日記には、江戸から大坂（大阪）まで要した道中は、約2週間だったとあります（「道中」とは、「旅行に出ている間」のことだが、令和になった現在でも、角界では移動日のことを「道中日」と呼んでいる）。日記には、約2週間の道中を経て大坂へ着いた雷電一行は、その後京都までは舟、京都から下諏訪までは馬を利用したとあり、また徒歩でしか移動できないところも多かったため、険しい峠を越えるのは、大変難儀だったとも残されています。また、雷電の日記には、現在の都道府県でいうならば、北海道、沖縄、四国と九州の一部の県をのぞく日本全土に足を運んだことも記されています。

明治の近代化のもとで

大相撲も交通網も、近代化へと進んでいくのは、明治時代からとなります。

明治5年（1872年）9月12日（旧暦）、日本で最初の鉄道が新橋〜横浜間（29㎞）

に開業しました。その頃の大相撲は、年2回の本場所を本所回向院境内で行い、その他の期間のほとんどは地方巡業で全国をまわっていました。巡業は少人数編成で、部屋や一門単位で行いました。この頃から移動手段には馬車や人力車が加わります。明治中期になると、大相撲の人気も高くなりました。鉄道においては私鉄が官鉄よりも多くの路線を走らせ、地方にも鉄道が登場します。地方巡業では、俄然鉄道を利用する機会が増えたことになります。

明治末期に迎えた、一つの節目

明治末期には大相撲と鉄道、ともに一

大隈重信は「早稲田大学相撲部」の創設にも力を入れた
提供：国立国会図書館ウェブサイト

明治時代の天覧相撲の実現には、伊藤博文が尽力したとされる
提供：国立国会図書館ウェブサイト

つの節目を迎えます。

明治39年（1906年）3月31日、明治政府の悲願であった鉄道国有法が、紆余曲折ありながらも、ついに公布されました。それまで官民共同であった日本の鉄道群は、大半の私鉄が政府に買収され、国有鉄道の総営業キロは、7153キロと一気に増加しました。

国有鉄道設立に熱を注いだ大物政治家、大隈重信や伊藤博文は、大変な好角家（相撲ファン）でもありました。

特に伊藤博文は、贔屓力士に化粧まわしを贈るほか、明治初期に政府から発令された「断髪脱刀令」および東京府（東京都）が発令した「違式詿違条例」（いしきかいいじょうれい。軽微な犯罪を取り締まる条例で、力士の裸も刑罰の対象にされた）が施行された際も、力士側に立ち、随分と尽力しました。

鉄道国有法公布より3年後の明治42年には、それまで興行を行っていた本所回向院境内に、国技館が建設されました。

そして現在の「相撲列車」誕生へ

現在では、日本相撲協会が利用する、力士などを乗せた団体列車を「相撲列車」と呼んでいます。すなわち、予め購入した団体券を携行し、同一行程で旅行する相撲団体が乗車する列車が相撲列車です。東海道新幹線の一部貸切も、他の新幹線や団体臨時列車も含めています。これとは別に、回数券などを購入して、十数人の部屋単位で乗車するものは相撲列車とは呼んでいません。

相撲列車の手配に当たる際、私が活用している資料を紹介します。

私の愛読書

一つは「旅客営業規則」です。団体乗車券の発売・運送上での区分・申込み・予約・責任人員および保証金などの項目があります。

もう一つは「旅客営業取扱基準規程」です。こちらでは営業規則の各項目が、さらにさまざまな場面を想定した規程に細分化されています。この「旅客営業取扱基準規程」のなかの規則規程にハッキリと「相撲協会団体」という言葉が出てきます。「相撲協会団体」という団体についての規則規程は、旅客営業を行う北海道・東日本・東海・西日本・四国・九州のＪＲ旅客６社すべてに当てはまり、相撲列車の運行はこの規則規程に従います。一方、「相撲協会団体」という文字は、第三セクター路線のほか私鉄会社の規則規程には見られません。

「旅客営業取扱基準規程」はもともと、明治33年（１９００年）３月16日に施行された「法律第六十五条・鉄道営業法」が基礎となっています。相撲列車については、年３回の各地方本場所間における大都市間の東海道・山陽新幹線での移動のほか、地方巡業での列車移動のすべてがこの法令と各種規程に則って運行されています。またなによりも、鉄道運行に携わるすべての人々の支えによって、今日まで円滑な団体旅行を行うことができているということも記しておきたいと思います。

鉄道は、大相撲にとってなくてはならない存在

書籍における「序章」は、大相撲に当てはめると「前相撲」といったところかもしれません。前相撲とは、新弟子検査に合格した力士が、本場所で取る相撲のことです。前相撲で３勝を上げた力士から順番に、翌場所より序ノ口力士として番付に載ります。いよいよ

力士としての本格的なスタートとなるわけです。蒸気機関車に例えるなら、石炭を燃焼させ、動力を蓄え、今か今かと発車に備えている感じでしょうか。

全国に線路が敷かれた鉄道は、経済、物流は無論、なによりも人々の生活にとってなくてはならない存在です。

大相撲にとっても然り。

東海道・山陽新幹線には最低でも年間6回乗車します。そのほか在来線特急、快速、緩行線、私鉄、地下鉄と、さまざまな鉄道を利用します。鉄道は大相撲の普及や発展、伝統文化の継承に大きな力をもたらしています。もし、日本に鉄道が存在していなかったらどうなっていたのでしょうか。私にはまったく想像がつきません。

JR九州野球部の応援歌に、鉄路轟轟（てつろごうごう）という歌があります。私はこの鉄路轟轟という言葉が大好きです。列車が鉄路を軋ませて、力強く前に進む様が想像できます。また、私の中では、その力強い様子が、力士たちの力強さに重なるからです。

本書では、大相撲と鉄道のかかわりを、さまざまな視点から掘り下げていきたいと思います。最後までお付き合いのほど、よろしくお願い申し上げます。

第一章

相撲列車は、こんな列車だ

日本相撲協会員全体の移動手段の勘案と手配を一手に担う「輸送係」の仕事ぶりとは。相撲列車はいつ走るのか、車内はどのようになっているのか。私個人の思い出のほか、有名力士のエピソードなども交えてご紹介します。

移動手段の勘案と手配を一手に担う「輸送係」

土俵を離れると、行司にはさまざまな仕事が任せられています。ここでは仕事の一つ、私が担当している「輸送係」について説明します。

輸送係は、親方衆、力士、行司などを含む日本相撲協会員全体の移動手段の勘案と手配を一手に担います。仕事内容は、概ね次のとおりです。

■大移動（おおいどう）にて

大移動とは、年3回の地方本場所における東京から名古屋・新大阪・博多間往復の東海道・山陽新幹線での移動のことを指します。乗車する新幹線の選定、きっぷ類の手配、乗車人数の取りまとめおよび乗車しない人数の取りまとめと、それに伴う個人や部屋ごとに支給する運賃料金計算を行います。

■地方巡業にて

①鉄道・貸切バス・船舶・航空機を駆使し、巡業開催地から次の巡業開催地への移動手段の勘案と手配、所要時間の計算、旅行代金の見積もり

②けがや病気などでやむを得ず巡業先から途中帰京しなければならない力士など関係者に対する現地からの運賃料金計算など

③各項目に対する必要書類の作成
④巡業中、毎日貼り出す当日の移動手段、バス割、列車割、ホテル部屋割、夕食会場や、翌朝のホテルから会場までのタクシーやバスの時間割や乗車割など、予定がびっしりと細かく書かれた「能書き」と呼ばれる貼り紙の作成
⑤主に本場所開催中に行われる巡業部会議への出席、巡業行程案の作成補佐

ざっと挙げてみましたが、この一つひとつの作業を無駄なくミスなくスムーズに行うことが重要です。それでは、各項目をもう少し掘り下げてみます。

大移動に際する各種手配とタイムリミット

東海道・山陽新幹線での移動を伴う大移動では、大相撲の年間スケジュールが確定したのちの毎年1月に、翌年春までの本場所日程をJR東海とJR西日本に報告します。この2社は、いうまでもなく東海道・山陽新幹線を運行している旅客鉄道会社です。大移動だけで1年間に6回利用しますので、まずはお知らせだけはしておきます。

報告の次に、手配を行います。こちらは各地方本場所開催時期の約9カ月前に行います。

例えば2月末の大阪場所のために乗車する東京～新大阪駅間の場合は、手配は前年の5月末に行います。乗車人数については、前年度はどのくらいの人数が乗車したのかを確認したうえで、近年の乗車実績に応じての手配となります。

その次の業務のリミットは、各地方本場所開催時期の45日前です。その時点での人数の増減をJRに報告します。せっかく座席を確保していただいているのにもかかわらず、間際になって、いきなり大量の増減席をお願いしてしまうと、JRに迷惑をかけてしまいます。ある程度の座席数を、輸送係の経験値に基づき、頭の中で整理し、より的確に導き出すことが重要です。

乗車日の1カ月前になりますと、各列車の一般前売りが始まります。その少し前のタイミングで、もう一度こちらで算出した人数をJRに報告します。

この後は随時、人数を報告していく流れです。

団体乗車券の購入最終締切日は、乗車日の14日前までと決まっています。最終締切日ギリギリまで人数の推移を見守り、ようやくこの日に正確な人数をJRに報告して、晴れて団体乗車券を購入します。

乗車日の5日程前になると、購入した団体乗車券、座席札、座席表図面、団体旅客乗車票（例えば新大阪駅下車後、在来線に乗り換えて大阪市内のＪＲ各駅まで利用できるきっぷ）が、私の手元に届きます。ただちに、しかし入念に自分が発注した内容と相違がないかを確認します。最終確認を終えて、いよいよ乗車する日を迎えます。

大移動当日の輸送係の立ち居振る舞い

新幹線への乗車当日、移動日です。乗車する輸送係は２～５名ほどで、発車時刻の約１時間前までに発車駅の決められた場所、改札口付近などに集合します。そして、力士たちが指定した集合場所と違う場所に行ってはいないか、荷物を駅構内に放置したままにしてはいないか、黄色い点字ブロックに荷物を置いていないかなどを、細かく見まわります。

近年では団体専用待合室を備えている駅が非常に少なくなりました。ましてや身体の大きな力士が大勢いますから、ほかの利用者に極力ご迷惑をおかけしないように、最大限の配慮をします。

輸送係が、発車の約40分前に団体専用改札口を開けます。力士たちには所属部屋、四股名を１人ずつ申し出てもらい、間違いがないか確認したうえで、座席札と団体旅客乗車票を各人に手渡します。改札口には、その列車の引率を担当する親方が立っています。力士の礼節や服装をチェックし、ときには注意を与えます。この引率担当の親方は持ち回り制になっています。委員以下の親方1名と、相撲教習所担当の親方1名の合計2名が務めます。たとえ元横綱といえども、必ず一度は回ってくる役割です。

元横綱千代の富士の九重親方が引退して間もないとき、若い行司が持っていた長い竹製の物差しを使って、改札を通る力士一人ひとりにビシビシと声をかけていたことがありました。現役時代さながらの眼つきだったことも、私には特に印象に残っています。

さて、ひととおりの作業を終えた輸送係は、もう一度集合場所付近を、忘れ物や落とし物がないかチェックし、改札口を閉めてホームへと上がります。

ホーム上でも力士が通路を塞いでいないかなどを見まわります。

列車がホームに到着したら、力士たちに速やかに乗車するように促す一方、輸送係のうちの1人が車掌のところまで出向き、「日本相撲協会です。お世話になります」と申し出、予め購入した団体乗車券を提示し、どの号車の座席を使用しているか、団体乗車券の保持者、引率責任者の座席番号を明確に伝えます。

目的の駅に到着後は、全員の下車を確認し、出札口の駅員にその旨を報告、現地で解散となります。

大移動の新幹線には誰が乗車しているのか

年3回の地方本場所の往復で利用する大移動の新幹線に乗車しているのは、幕下以下の力士と若い行司、呼出し、床山のほか、引率責任者の親方2名と輸送係の行司がだいたい2～5名ほどです。

乗車人数は、東京から大阪、名古屋乗り込みが約280名。博多行きと大阪、名古屋、博多からの帰京が約180名です。なぜこのような数字の差が生まれるかと申しますと、博多乗り込み時の10月は秋巡業がありますし、各地方場所終了後にも地方巡業に出ているからです。

逆に乗車していないのは、親方衆や関取衆、十両格以上の行司（輸送係を除く）およびその他各役職の資格者と呼ばれる人たちです。各々運賃・料金を立替えて、自身の予定にあわせて乗り込んでもらい、後日各待遇に合わせた運賃と料金を支払う仕組みになっています。

また地方場所で使用する、各部屋の宿舎準備の先発や残務整理、部屋によっては相撲列車を使わずに全員で先乗りするところもあります。ですからいつも、大体この人数で落ち着きます。

相撲列車に乗車しなかった場合、宿舎先発および残務整理の一部屋当たりの上限人数は7名までと決められています。7名分に対しては新幹線運賃と料金を支給しますが、超過人数に対しては運賃のみが支給されます。ルールとしては、特急料金は支給しません。

基本料金は、のぞみではなくひかり

新幹線の金額算出方法は、東京~名古屋・新大阪駅間はひかり料金、東京~博多駅間はのぞみ料金となります。大移動時も、東京~名古屋・新大阪駅間はひかりを利用し、博多駅まではのぞみを利用します。ひかりは、博多駅までの運用がないからで、ひかり利用を基本とする理由は、移動に伴う経費を抑えるためです。

特急料金については、グリーン車か指定席料金が各自の待遇によって支給されます。繁忙期の場合は、指定席料金との差額も合わせて支給されます（グリーン料金には繁忙期、閑散期の設定はない）。

地方巡業では団臨を走らせることができる

各種手配のルールは、地方巡業も大移動も同じですが、大移動と異なる部分は、団体臨時列車（団臨）を走らせる場合があることです。団臨を走らせるとなったら、各地のＪＲ本社と主要駅へのあいさつまわりは欠かせません。

８月に行われる北海道巡業の際には、桑園駅に隣接した場所にある、ＪＲ北海道の本社へ必ずあいさつにうかがいます。その際、主に確認することがあります。

①団臨を編成しての道内旅行の可否
②北海道新幹線の未開業区間（新函館北斗～札幌駅）の工事進捗状況
③不通区間の今後の見通し
④その他、そのときの状況に応じた質問や確認など

北海道巡業に関していえば、平成28年3月26日、北海道新幹線の新青森～新函館北斗駅間が開通し、本州と北海道を結ぶ電車移動が格段に便利になりました。２０３０年度には、新函館北斗～札幌駅間の開通も予定されていますが、現在、この区間をどの手段でいかに効率的に移動ができるのかを例にあげて模索してみます。

効率的な北海道巡業を模索

本州から北海道への移動の際、本来ならば在来線特急を利用したいところですが、8月の繁忙期に、相撲団一行約280名が列車で移動するのは、非常に厳しいのが現実です。例えば次の要領で在来線特急を利用すると仮定します。

■道中日（移動日）の場合
10時47分函館発（札幌行き）　北斗9号

■函館巡業相撲終了後の場合
16時37分函館発（札幌行き）　北斗17号（両列車共キハ261系1000番台）

しかしこの列車のみですと、グリーン席、普通車指定席（自由席は除く）合わせて224席しかなく、物理的に不可能です。2便に分散させて札幌へ向かいたいところです。しかしその後の北斗は、それぞれ発車が約1時間半後ですから、後発便の力士たちを駅構内に待たせておかなくてはなりません。繁忙期ゆえ、他の利用者も大勢いることですし、さまざまなところに迷惑をかけてしまうケースが出てきます。

ならば団臨を走らせたいところですが、キハ２８３系は代走用や夏ダイヤに合わせて別の臨時列車で運用されていますし、キハ１８３系も同様に臨時列車用になっているか、あるいは一部では廃車が進んでいます。他の路線も含めて、夏季の北海道内の列車移動は、8月の繁忙期に団臨を走らせるほど車両に余裕がありません。そのほかの路線についても、定期列車の使用も、団臨を走らせてもらうことも非常に厳しいです。

航空機を利用するにしても、さまざまな制限（第二章に記載）があり、現実的ではありません。こうなると、バス輸送に頼らざるを得ません。

貸切バス・船舶も活用し、安全で合理的な輸送手段を描く

現在、地方巡業の移動手段の大半は大型貸切バスです。巡業中は大型貸切バス9台を利用します。船舶は、佐渡島や隠岐の島、五島列島、奄美群島等へ行く際に利用します。バス会社、船舶会社、それぞれの営業所へのあいさつまわりも欠かさず行います。また、安全で合理的な輸送手段を描くことも念頭に置いておきます。

加えて重要なことは、常にアンテナを張りめぐらせておくことです。

駅一つとっても、ただ漠然と通り過ぎるのではなく、駅の構造や駅前ロータリーの広さ

をチェックします。大型バスは何台停めることができるのか、路線バスの本数やタクシーの台数、駅構内のテナントの営業時間やトイレの場所に至るまで、駅そのものの生きた情報をできる限り収集しておくことです。そうしておけば、輸送係の任務を全うするうえで、必ず役立ってくるのです。

具体的に、相撲列車はいつ走るのか

大相撲の年間スケジュールを辿ると、例年奇数月の第2日曜日が各本場所の初日に当たる日になります。このうち、三月場所（大阪場所）、七月場所（名古屋場所）、十一月場所（九州場所）の3回の地方本場所における大移動の往復、つまり合計6本の列車を運行します。

ここでは平成31年～令和元年の相撲列車の運行実績を見てみましょう。まずは大移動の際の相撲列車の実績です。次の表にあるとおり、各地方本場所の新番付が発表される前日（初日の2週間前）と、千秋楽の1週間後に運行されます（大阪から帰京のみ土曜日）。利用する列車は毎年ほとんど同じです。東京～大阪・名古屋駅間の乗り込み列車は、同じひかり515号を利用しています。

続けて、地方巡業で走った相撲列車について、個別にご紹介していきます。

平成31年～令和元年の相撲列車運行実績

大移動	
三月場所	
2月24日(日)	大阪乗り込み 東京発13時33分・新大阪着16時26分　ひかり515号
2月25日(月)	番付発表
3月10日(日)	初日
3月24日(日)	千秋楽
3月30日(土)	帰京 新大阪発13時16分・東京着16時10分　ひかり522号
七月場所	
6月23日(日)	名古屋乗り込み 東京発13時33分・名古屋着15時17分　ひかり515号
6月24日(月)	番付発表
7月7日(日)	初日
7月21日(日)	千秋楽
7月28日(日)	帰京 名古屋発13時26分・東京着15時10分　ひかり520号
十一月場所	
10月27日(日)	博多乗り込み 東京発13時30分・博多着18時33分　のぞみ37号
10月28日(月)	番付発表
11月10日(日)	初日
11月24日(日)	千秋楽
12月1日(日)	帰京 博多発13時10分・東京着18時13分　のぞみ32号

地方巡業	
3月30日(土)	大阪上本町(地上ホーム)発14時00分・五十鈴川着16時20分　近鉄団体臨時急行列車
10月4日(金)	①東京発12時24分・新高岡着15時06分　はくたか563号
	②東京発13時24分・新高岡着16時06分　はくたか565号
10月27日(日)	①福山発15時41分・博多着17時07分　のぞみ31号
	②福山発16時41分・博多着18時07分　のぞみ35号

伊勢神宮奉納大相撲にて、横綱白鵬土俵入り

■**3月30日　伊勢神宮奉納大相撲へ向かう**

三重県伊勢市の伊勢神宮奉納大相撲は、日本相撲協会の春の恒例行事です。稽古相撲や相撲甚句（相撲独特の唄）、幕内力士によるトーナメント戦などが行われ、横綱と役力士による内宮神苑での土俵入りも披露します。

日本相撲協会の地方巡業は、伊勢神宮奉納大相撲に向かう、大阪上本町駅地上ホーム発の近鉄団体臨時列車あおぞらⅡからスタートします。15200系のあおぞらⅡは、近鉄の団体専用車両です。相撲列車の際は6両編成にて、「急行臨」として運行されます。この列車は、毎年三月場所（大阪場所）終了後の最初の土曜日に運行されます。貸切ですから、一般の利用者は乗車できません。

余談ながら以前、見知らぬお年寄りが誤乗したことがありました。力士たちは、関係者だと思っていたようでした。私が気づいたときには、もう列車はホームを離れた後でした。降りてもらうわけにもいかず、そのまま終点まで一緒に乗っていただきました。

さて、列車は大阪上本町駅を出発し、布施駅から伊勢中川駅を経由、五十鈴川駅まで運行します。以前は宇治山田駅で下車していましたが、駅前の再開発後はバス駐車スペースがなくなってしまったため、1つ先の五十鈴川駅まで行くようになりました。途中、青山町駅で約20分、伊勢市駅で約7分程度の運転調整停車があります。扉は開きません。

■10月4日　北陸新幹線東京〜新高岡駅間

10月4日に利用したはくたかですが、この日は秋巡業の道中日（移動日）で、翌5日に石川県七尾市駅からのスタートでした。新高岡駅下車後、バスで七尾市へ乗り込みました。和倉温泉と七尾駅周辺に分かれて宿泊となったため、はくたか563号乗車の人は和倉温泉泊り、同565号は七尾駅周辺泊りと分散させました。はくたかの定期便は1時間に1本の運転です。その1本に力士がめいっぱい乗りこんでしまうことは、他の利用者の利便性を損なうことにつながる恐れがありますので、時間をずらして2便に振り分けました。

ちなみに、原則としてグランクラスは利用しません（東北新幹線も同様）。これも、座席数の少ないグランクラスの利用が、他の利用者の利便性を損なうことにつながるからです。

■10月27日　山陽新幹線福山～博多駅間

10月27日には、広島県福山市で秋巡業を打ち上げました。この日は来る十一月場所（九州場所）に備えるため、帰京せずに全員そのまま博多へ乗り込みました。本来ならば資格者（親方衆と関取衆のほか、十両以上の待遇を有する行司、若者頭、世話人、床山、トレーナー）は各自福山駅から自由行動で博多へ乗り込んでもよかったのですが、1時間に停車する本数が3本から4本と少なかったこともあり、それなら相撲列車として博多へ乗り込もうとなったわけです。自身の出番が終わった人から順番に福山駅に集まりますので、駅構内の混雑緩和を優先に考え、1便ではなく2便に分散しました。

平成31年～令和元年の地方巡業は、77カ所79日間の開催でした。近年では、巡業日数全体で、拘束日も含めて100日を超えた年もありましたが、力士の身体の負担を考慮し、日数は減少傾向にあります。それに伴い、相撲列車を運行する機会も、自ずと減少してきています。

東海道新幹線のどの車両を使用するのか

大移動・地方巡業ごとに運行される相撲列車ですが、定期列車・団臨と、利用するシーンもさまざまです。私の経験値からいうと、相撲列車に限らず、団体に割り当てられる車両は、12〜14号車が多いように思います（もちろんそうではない場合もある）。

平成20年2月24日に運行した、ひかり４１３号の乗車人員は２７９名でした。その際に利用した号車と座席は、12号車４番ＡＢＣと5番Ａ席〜20番Ｅ席まで。13号車、14号車全部。８・９・10の各号車２席ずつです。

８・９・10の各号車はグリーン車で、そのほかはすべて普通車指定席です。

12号車の１番Ａ席〜３番Ｅ席と4番ＤＥ席の合計17席は、他の利用者が乗車されているか、または空席です。仮に空席だったとしても、力士が、少しでもゆっくり座りたいからなどといって使用するのは、もちろん禁止です。予め配布された席番に座らなくてはいけません。

三人掛けのＢ席に、大きな身体の力士に挟まれて若い行司や床山が座っていることもあります。まだ髷が結えない身体の細い新弟子が座ることもあります。東海道新幹線の普通座席のＢ席の幅は、他の座席と比べて２㎝広くつくられているとはいえ、やはり窮屈感は否めません。

通路側の座席も好みがあるようです。身長が高く、身体が大きいためにどうしても足が通路に流れてしまいます。そうすると車内販売のカートがぶつかることもあります。気持ちよさそうに寝ているのに、足が当たって起きる力士を見かけます。車内販売員の方も力士が座っている車両に入ると、途端にスピードダウンします。通路に投げ出された足にぶつからないように、ゆっくりゆっくりと進む様子を見ていると、なんだかこちらが申し訳ない気持ちになってきます。

B席がもたらした、力士出世秘話

ブルガリア出身、元大関琴欧洲の鳴戸親方がまだ入門して間もない頃の話です。

平成15年の大阪乗り込みの相撲列車に、下駄を履き松葉杖をつきながら、部屋の力士とともに改札口にやって来ました。当時の琴欧洲は、背は高かったのですが、身体の線はまだまだ細い力士でした。

大移動では、座席割りは行いません。あくまでも来た人から順番に座席券を渡していきます。

そのとき私は、改札口で座席券を渡す係をしていました。現れた彼の姿は痛々しいものでした。握り締めていた座席券の中から二人掛けの通路側であるD席を選び渡してあげました。しかし乗車後に車内の見まわりに行ったら三人掛けの真ん中のB席に座らされていました。番付とともに、若いうちは年功序列もモノをいうタテ社会です。部屋の兄弟子に座席を交代させられたのでしょう。手にしていた松葉杖を棚の上に寝かせて置き、窮屈そうに顔をしかめながら座っていました。AとCの席にいるのは、身体の大きな部屋の兄弟子です。これですと、狭いうえに足のけがもあり、自分の意思でト

イレに立つこともできません。

最近、鳴戸親方とこの出来事について話す機会がありました。

「あのときせっかく通路側の席をもらえたのに、兄弟子たちに席をかわるように言われました。もちろんハイと言うしかありません。こちらは足をけがしているのに、他の人もかわってあげようかの一言もなかった。悔しくて腹が立って、絶対にこの人たちより強くなってやろうと心に誓ったんです」

このときの三月場所（大阪場所）の琴欧洲の成績は6勝1敗の好成績でした（幕下以下力士は15日間のうち、7番しか相撲を取らない）。痛みに堪え、悔しさと腹立たしさを糧にしたのでしょうか。その後大関まで昇進し、引退後鳴戸親方となって部屋を創設しました。

鳴戸部屋は今、東武スカイツリーラインの浅草〜とうきょうスカイツリー駅間の線路沿いにあります。浅草方面から車窓を眺めていると、隅田川を渡ってすぐ左手に部屋の建物を確認することができます。

寝台車を連結した特別仕様

平成12年8月15日㈫

青森県弘前市で興行を打ち上げた一行は、弘前発18時37分・名寄着翌16日13時08分の相撲列車（団体急行臨時）で北海道名寄市へと向かいました。24系寝台車と14系座席車をそれぞれ5両ずつ、計10両編成の列車です。

途中青函トンネル走行時には専用機関車のＥＤ79形を、さらに函館～名寄駅間は非電化区間も走行しなければならないのでＤＤ51形機関車を付け換えながら、営業キロ約６９７キロ、所要時間18時間38分の長い長い旅路です。

途中、函館駅で約2時間40分、滝川駅で約1時間40分の停車がありますが、臨時列車のため扉は開きません。途中下車もできませんので、食事や飲料などは、事前に弘前で調達しておく必要があります。

実はこの列車に私は乗車していません。もちろん、乗車したい気持ちはヤマヤマだったのですが。

当時の地方巡業は、日本相撲協会自らが興行を主催するスタイルでした。私は輸送係を離れて精算係と呼ばれる業務（券売・物販他、興行全体の運営などを行う）に携わっており、その日は担当していた札幌市に滞在していました。時間の合間を縫って、旭川経由で富良野に行くことを思い立ち、札幌発の特急スーパーホワイトアローに乗車しました。夏休み期間中とはいえ、お盆明けで車内もゆとりがありました。ゆったりした気分で駅弁の包みを解き、車窓を楽しみながら頬張っていました。

私の乗ったスーパーホワイトアローは、理由はわかりませんが、スピードを落としながら滝川駅に入線しました。そのときに隣のホームに停車していたのが、なんと、前夜に弘前を出発した相撲列車だったのです。構内では徐行運転だったので、車内の力士たちの様子をうかがうこともできましたし、客車編成を楽しむこともできました。やがて目に入ってきたのは、真っ赤に塗装されたＤＤ51形機関車でした。

胸の奥から妙な悔しさがこみ上げてきました。

もうこの先二度とないであろう、本州～北海道間の寝台車連結相撲列車。このとき私はまだ幕下格でした。仮にこの列車に乗れたとしても寝台車ではなく座席車だったでしょう。それでもこのような特別仕様の相撲列車にどうしても乗ってみたかったのです。

最後の常備券手書き団券

平成15年10月10日㈮

北陸本線の滑川〜金沢駅間（現在はあいの風とやま鉄道）を、４８９系車両を使用し急行臨として運行しました。このときの団券は常備券が使用されていて、綺麗な文字で必要事項が丁寧に記入されています。

しかしこれを最後に、常備券手書き団体乗車券（団券）を見ることはなくなりました。団券に限らず、常備券そのものが絶滅寸前のところまできています。私は乗車券や特急券等は、常備券タイプを好みます。やはり鉄道旅に出かけるには、機械で印刷されるマルス券よりも常備券の方が、温かみや独特の旅情を掻き立てられるからです。

ちなみにこの８日後に乗車する神戸〜鴨方駅間、さらに15日後に乗車する姫路〜岡山駅間（ともに急行臨運行）の団券はマルス券になっています。

相撲列車には、マルス券よりも手書きされた常備券が似合います。時代とともに消えゆく、鉄道遺産とも呼ぶべき常備券を見かける機会がどんどん失われていくのは、本当に寂しい限りです。

西 団体乗車券　種類 大口相撲　期別　　乗車記事 使用済　冊 8078-32

団体名又は代表者名	日本相撲協会	引受番号 第　号	団 第　号	備考 EC9両(489系)

実際乗車船人員	大人	小児	教職員付添人	旅行業者(有)	旅行業者(無)	無賃		合計
	294人	人	人	人	人	7人	人	301人

旅客運賃

割引率		1人当り旅客運賃	人員	団体旅客運賃
1.2割	普通	1,280円		
	割引	1,120	294人	329,280円
	普通			
割	割引		人	
	普通			
割	割引		人	
	普通			
割	割引		人	
	普通			
割	割引		人	
運賃合計(イ)			329,280 円	

打切区間

乗車駅／降車駅	経由			1人当り無割引運賃
滑川／金沢				1,280円

記事

行程・料金　(列車種別に○印が附されている場合は、その乗車月日の当日中の任意の同種の列車に変更できます。)

乗車月日 / 列車名(列車番号)	列車種別	区間(×印の駅では途中下車できません。)	経由	人員	種類	金額	利用施設	金額	料金計
10・10 / 急行臨9514M	普急	発駅 滑川 / 着駅 金沢		大294人 小 人 割 人	普急	730円		円	214,620円
・		発駅 / 着駅							
・		発駅 / 着駅							
・		発駅 / 着駅							
・		発駅 / 着駅							
・		発駅 / 着駅							

記事	責任人員	㊋富山 370 ~~301~~ 人	料金合計(ロ)	214,620円
金臨1023番 証明書24号	指定保証金	円　諸料号	領収額合計(イ+ロ)	543,900円
	15年10月8日	発行箇所 ㊋富山	窓口番号	

美しい、常備券手書きの団券

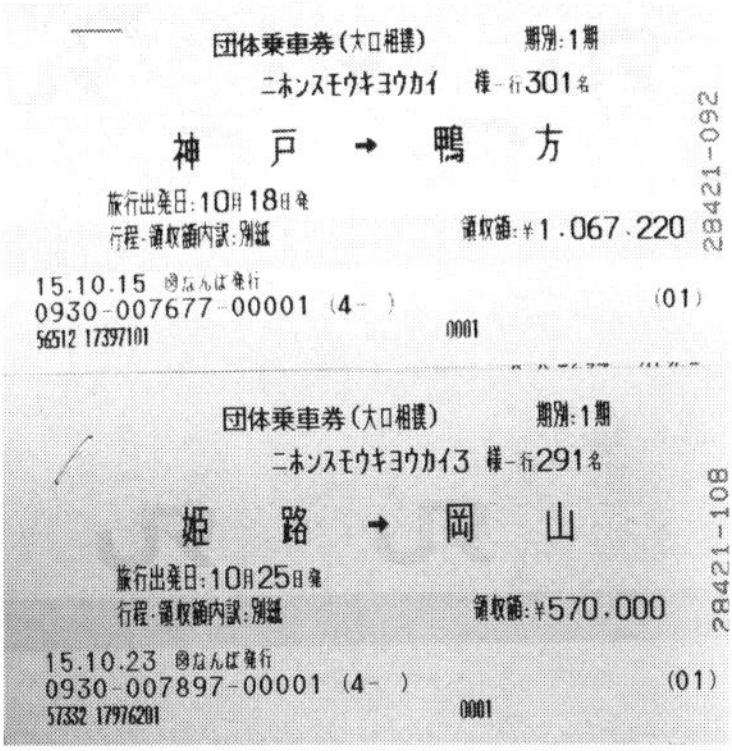

常備券使用の8日後には、マルス券を使用

団臨は、青函トンネルを直通できなくなった

平成21年8月12日、青森県弘前市で巡業が開催されました。この巡業のために8月10日から11日にかけて行った北海道からの移動は、3組に分かれての、複雑なものでした。

前日8月10日の北海道旭川市での興行後、1組目は、10日のうちに札幌22時発の夜行急行はまなすに乗車し、翌11日の5時39分に青森着、さらに弘前までバスで1時間をかけて移動し、11日は弘前市に宿泊しました。

一方、2組目、3組目は、10日は旭川から札幌までの移動にとどまり、10日は札幌市に宿泊。翌11日の13時に札幌市のホテルを出発しました。札幌から弘前へ向かうためには、さらに、はまなす乗車組と特急臨乗車組とに分かれての移動です。

それぞれの出発時刻の1時間前に再度札幌駅に集合し、2組目、つまり、はまなす乗車組は前日と同じ発着時刻で移動しました。3組目、特急臨乗車組は、札幌発21時18分・函館着4時45分の後、再び特急臨に乗り換えて函館発5時22分・青森着8時21分という行程です。

2組目、3組目も青森から弘前まではバス移動です。バスは直接巡業会場に向かいました。列車で一夜を過ごして、そのまま弘前での興行に直行となったわけです（このように列車や船舶で夜を過ごした後、そのまま興行することを、乗り込み初日と呼ぶ）。

整理すると、旭川市の興行後、弘前か札幌で1泊を、車中泊でさらにもう1泊をしたことになります。この6年前には、寝台車を連結して弘前～名寄駅間を全員そろって移動した実績があることを考えると、不便な移動です。またこの行程からは、この頃には8月の北海道巡業中に団臨を走らせることが厳しくなっていたことがわかります。

8月の北海道は夏休み、お盆休みで、多くの旅行者で賑わいます。急行はまなすは札幌～青森駅間を、1日1往復しか運転していません。繁忙期ゆえに、このはまなすに相撲団一行が全員で乗車することは難しいのです。移動人員を3分割して、定期列車のはまなすを上手く使い、足りない人員は特急臨で補うという苦肉の策でした。

この頃はトンネル内も北海道新幹線の開業に向けて本格的な工事が始まっていました。真夜中に行われている工事ですから、少ない本数しか走行できない現実があります。相撲列車の団臨を夜中に走らせる余裕などもちろんありません。

やがて北海道新幹線が開通します。それに伴って、平成28年、急行はまなすが廃止されました。北海道新幹線が開通した現在は、はまなすを活用した行程も組めなくなりました。現在、北海道へ渡る際は新幹線を利用することが多くなりました。また、札幌で夏巡業を打ち上げた際は、新千歳空港から航空機で帰京するのが慣例です。

沼津〜三島駅間の在来線活用（遠藤関に大騒ぎ）

平成26年10月18日(土)

静岡県沼津市の巡業会場は「キラメッセぬまづ」でした。建物はＪＲ沼津駅北口からわずか２６０ｍほどのところにあります。沼津市での巡業のあとの移動先は京都府京丹後市でした。京丹後市は丹後半島の大半を占めていて、日本海に面した場所にあります。このときの移動は三島駅と静岡駅それぞれから出発の２組に分かれました。

三島組は、在来線で沼津駅から三島駅まで一駅乗車し、三島発15時48分・新大阪着18時

03分のひかり477号で移動後、新大阪から京丹後までバスで約2時間45分の移動でした。

静岡組は、バスで静岡駅まで約1時間半かけて移動した後、静岡発17時11分・新大阪着19時03分のひかり479号に乗り、新大阪から京丹後までは三島組と同じくバスで2時間45分かけての移動でした。三島組のメンバーは、主に十両と平幕力士で、親方衆や横綱大関をはじめとする役力士は静岡組でした。

このような変則的な移動もまた稀で、在来線を利用した移動など私もはじめての経験でした。私は三島組の担当でした。出番を終えた人から随時在来線で三島駅へ向かってもらいました。市内の渋滞が午後から激しさを増すということで、三島駅までのタクシー移動を厳禁とし、必ず在来線で移動してもらうように促していました。

三島組で、最後に取組を終えた力士は、当時前頭筆頭の遠藤関でした。髷を結い直して着替えを済ませた遠藤関と他愛もない会話をしながらともに沼津駅の改札口へと向かいました。ちょうどその頃相撲が終了したばかりでしたので、車内は観戦帰りの利用者でごった返していました。車内で居合わせた人たちは、突然現れた遠藤関に大騒ぎでした。僅か一駅、5・5㎞の所要時間5分の小さな旅でしたが、非常に印象深い列車移動となりました。

好評だった、九州新幹線N７００系８０００番台貸切編成

平成29年12月10日㈰

鹿児島で興行を終えて翌日の北九州巡業のために、鹿児島中央〜小倉駅間を九州新幹線の車両で移動しました。この九州新幹線は一編成貸切で、臨時さくら号として運行しました。8両編成のうち、1号車から6号車までを使用しました。7号車と8号車は締切にして施錠し、立ち入りができないようになっていました。鹿児島中央発17時24分・小倉着19時20分のわずか1時間56分の旅です。鹿児島から小倉まで2時間弱で移動するなど、一昔前では考えられないことでしたので、非常に感激しました。また九州新幹線を貸切にするのはこのときがはじめてでした。

翌年も同じ行程で、この臨時さくら号を走らせることができましたので、この列車運行の実績が、翌年の運行へとつながりました。N７００系８０００番台の車内は素晴らしく、内装も温もりを感じられるような独特の雰囲気を醸し出しています。貸切で人目を気にしなくてもよい気安さも相まってリラックスしながら移動することができました。車内では一人ひとりがゆったり座れたので、力士たちにも好評でした。

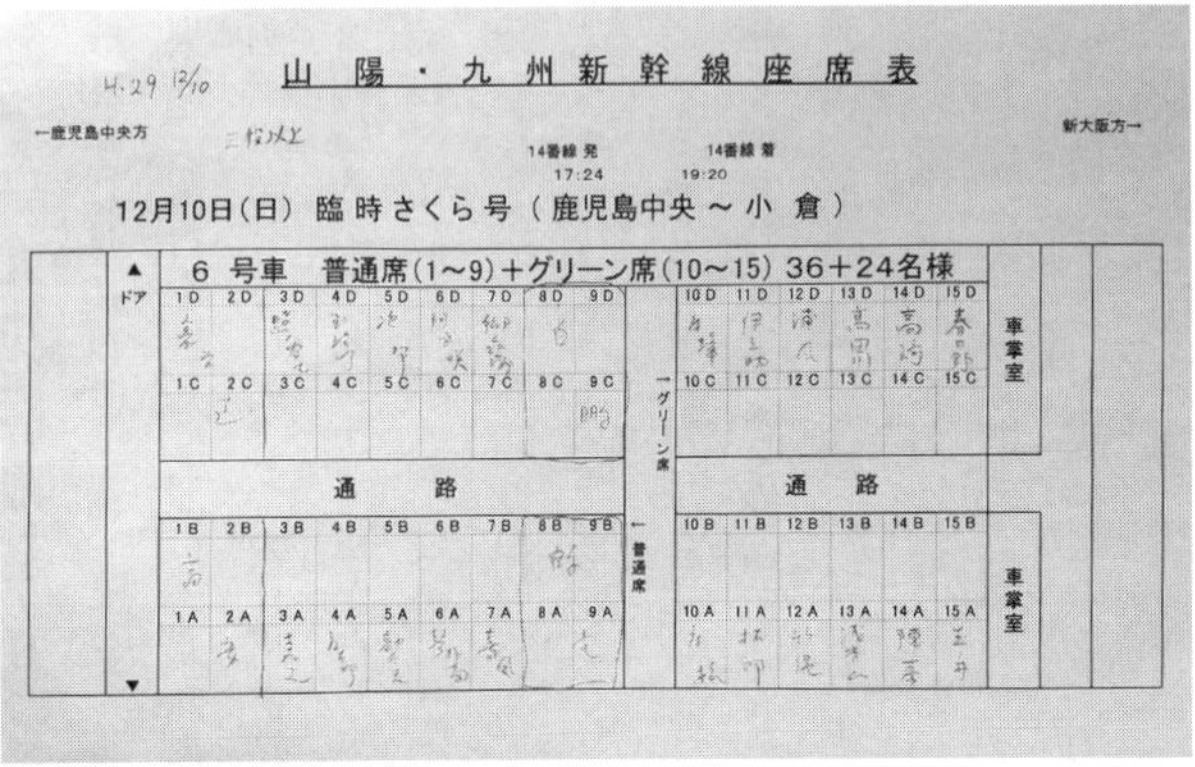

平成29年12月10日に運転した臨時さくら号の座席表

N700系8000番台の普通車指定席

秋田~立川駅間の思い出（本当は乗りたかった！）

平成30年8月21日㈫

この日、秋田巡業を終えて翌日の開催地となる東京都立川市へと乗り込みました。秋田発17時37分・大宮着21時21分の秋田新幹線団体臨時列車です。E6系7両のZ編成でした。定員338名に対し、乗車人員は280名です。

この団臨には九州新幹線のように「臨時こまち号」など列車名がつくことはなく、5296Mで盛岡からは「5296B」という列車番号のみが与えられていました。駅に掲げられている出発案内の電光掲示板にも「臨時」としか表示されていませんでした。

大宮駅到着後、今度は3番線から発車する185系6両編成の普通臨に乗り換えます。相撲列車に充てられてた185系の塗装はクリーム色の車体に、グリーンの斜め線が3本あしらわれたものでした。大宮駅出発後、東北貨物線から大宮支線を経由し西浦和駅の手前で武蔵野線に入り、西国分寺駅から国立駅まで国立支線を抜けて、中央本線に入って立川駅まで至るルートでした。

私は巡業に出発する前から乗車することを非常に楽しみにしていました。

運行当日の午前中に、それぞれの駅での導線確認の打ち合わせをしているときでした。

どうしても誰か1人が相撲団よりひと足先に立川駅に行って、団体専用臨時改札口までの案内係をする必要があるという話になりました。立川駅は構造上、ホームからエスカレーターや階段を上り間違えると、まったく別の場所に出てしまいます。駅構内は自由通路を挟んで東西の改札口が向かい合い、さらに北側の改札口があります。秋田からの長時間移動で、立川駅到着も23時近くです。下車してくる親方衆や関取衆をはじめとする一行を、スムーズに案内しなければなりません。

立川駅は東京多摩地区最大級のターミナル駅です。夜の23時でも、中央線や南武線から下車する人がまだまだ多い時間帯です。打ち合わせで、駅の構造や状況など私の知る限りの情報を話していたときでした。

「銀治郎さんに行ってもらうのが一番いいですよ」

どこからともなくそんな声があがってしまいました。皆もそれに賛同してしまって結局私が先乗りすることになってしまいました。

この2本の団臨に乗車することを楽しみにしていたぶん、この決定にすっかり力が抜けてしまいました。

この日の夕食は、到着が遅いということもあり、各自で準備する夕食代の他に補食用として駅弁（海三昧と秋田肉三昧）を1人1個ずつ、合計2個を支給することになっていました（駅弁は秋田駅で積み込んで車内で支給）。私は積み込み前に駅弁を受け取り、ひと足先に立川駅へ向かいました。

その頃にはもうすっかり頭を切り替えていました。とにかく無駄なくミスなく誘導することに集中していました。

私は22時過ぎに立川駅に到着しました。駅係員と打ち合わせを行い、ホームの停車位置と階段通路、また中央線や南武線の乗降客とバッティングしたときの状況などを想定しながら、何度も何度もホームから改札口までを歩いて確認しました。

いよいよ到着するというときに、なんと、突然到着ホームが変更になりました。ホームが変われば当然停車位置も変わります。立川駅はホームの長さがそれぞれ違います。ホーム上に表示されている6両編成の停車位置と、再度使用する階段を確認しなおしました。定刻どおり相撲列車が到着し、全員を何事もなく誘導し終えたとき、心からホッとしました。

1両に最大100名。大移動時の相撲列車内

大移動時の相撲列車には、幕下以下の力士と行司などが乗車しています。いずれの列車も出発時刻は概ね13時過ぎになります。車内へ食料を持ち込んで食べている力士を多く見かけますし、中には2リットルのペットボトル飲料をそのまま豪快に飲んでいる力士もいます。

最近のエキナカ売店はコンビニ化していますので、食料として購入するのはいわゆる「駅弁」よりも、コンビニ弁当やおにぎり、パン類です。

お酒を飲む力士はだいぶ少なくなってきました。以前は、終点までの間飲み続けて、ホロ酔いになる人もいましたが、今ではそんな力士は皆無に等しいです。

大移動の貸し切られた車内は、1両に最大100名の力士が乗車しています。大きなスーツケースや土産物などで座席上の荷物棚はパンパンです。棚に収まらない荷物をデッキに置く力士も見かけますが、デッキに置いてしまうと、通行の妨げになります。ホーム方向の扉の前に置いてしまうと、扉が開いた時にホームへと傾くこともなくはないでしょう。1両まるまる貸切とはいえ、大変危険ですし、遅延を招く可能性にもつながります。

これを防ぐために、事前の本場所中には、仕度部屋や各部屋に、移動の相撲列車運行など

を知らせる貼り紙を掲示します。そのときに最小限の荷物で乗車するようにと注意喚起しています。

車内には鬢付油の匂いが充満しています。夏場はもちろんですが、暖房が効いている冬場にも、暑がりの力士たちの額には、汗が滲んでいます。そんななかで食事をしたり、スマートフォンやタブレットでオンラインゲームや映画鑑賞をしたりと、思い思いに過ごす力士の姿があります。

とはいえ、大半の力士は寝ています。

大きなイビキが聞こえてくることもあります。

タブレットに映画が映し出されたまま、寝落ちしている力士もいます。

力士たちは乗車前の午前中に、部屋や地方場所の宿舎の掃除や後片付けの仕事を終えてきています。無理もありません。さらに、この時間帯は、通常ならば稽古後の昼寝の時間帯でもありますので、睡魔に誘われるのでしょう。

力士は座席をリクライニングしない

どんなに身体が大きくても、大移動時に与えられる座席は、1人1席です。肘掛けを上げても肩と肩がぶつかり合い、窮屈な空間です。

力士たちは、最後部座席を除き座席をリクライニングすることはありません。それが暗黙のルールになっているのです。前の人に座席を倒されたらどれだけしんどいかを、身をもって知っているからです。

グリーン車に乗れるのは十両以上の関取衆

身体を縮めながらの旅路で、特に東京～博多駅間の長時間移動ともなれば、それだけでも大変です。ゆったりと着席し、自分の好きな時間に自由に移動したければ、強くなればいいのです。

貸切の相撲列車の様子

十両に昇進してはじめて関取と呼ばれる地位につきます。十両以上の関取衆には新幹線代（グリーン車料金）が日本相撲協会から各個人に支給されます。大移動の相撲列車に乗車しなくても済みますので、少しでも早く出世して関取になる以外、この状況を抜け出すことはできないのです。

完全貸切の団臨では、ステテコ姿

大移動とは違い、地方巡業で利用する団体臨時列車は完全に貸切となります。関取衆はのびのびと、付け人として帯同している若い衆も、貸切の車内ならばある程度はゆとりを持って座ることができます。

転換クロスシートも上手く活用できま

す。仲間同士向かい合わせで座って脚を伸ばす力士や、空いたスペースにスーツケースを重ね、その上にバスタオルを敷いてトランプやUNOなどのカードゲームに興じる力士もいます。

長旅に備えて持参した段ボールを、通路に敷いて寝ている力士もいます。

夜行列車ともなると、宴会を始める力士の姿もあります。ポケット瓶のウィスキーを片手に、チビリチビリとやっていたりします。私は、札幌駅発の団臨で本州に向かうとき、白鵬関から「よかったら食べてください」と、寿司やオードブルがたくさん入った折詰めをいただいたことがあります。

付け人の力士は、乗車後直ちに自身が付いている親方衆や関取衆の元へ駆け付けます。飲み物やおしぼりなどの身の回り品を届けて、関取の着物や帯を解き、素早くたたみます。

車内ではほとんどの力士はステテコ姿で過ごしています。貸切の相撲列車は力士にも好評です。特急臨や急行臨など、他の定期列車に比べれば速達性は欠けるものの、日々の移動はバス移動ばかりで、窮屈な車内で移動時間平均3時間以上、身動きがとれません。足腰に故障や不安を抱えている力士は、毎日の移動で疲労が蓄積されていきます。その点列車内でしたら、足も伸ばせますし、お手洗いにも自由に行くことができます。

これが新幹線1編成貸切ともなれば、速達性もぐんと向上し、さらに快適性が向上、移動の質そのものがよりよいものになります。

出発駅の待ち時間でリラックス

近頃は、わりと大きな駅から出発することが多くなりました。駅に集まるのは、だいたい自分の出番を終えた人から順番ということになります。集合時間までは、駅構内のレストランやカフェなどで時間を潰しています。

相撲列車が出発するのは概ね16時過ぎです。駅によってはレストランやカフェはおろか、売店すらないこともあります。仮にあっても規模が小さかったり、弁当類が売り切れていたり、なかには早々に閉店している場合もあります。そんなときは、駅前や近隣のコンビニへ足を運びます。昔はホームでも弁当類を手軽に買えましたが、最近はそういったことも非常に少なくなりました。

出発する駅がある程度大きな規模の方が、力士たちの顔も多少は綻んでみえてきます。レストランやカフェでの食事や、土産店をのぞくことも、多忙な巡業中のささやかな楽しみなのです。これも、相撲列車が走ればこそといえるでしょう。

出迎え人数が一番多いのは名古屋駅

相撲列車が目的地の駅へ到着すると、大勢の地元の方の出迎えを受けることがあります。

大移動の際、出迎えの人数が一番多いのは、名古屋駅です。係の方が構内整理に当たってくれています。到着が日曜日の15時過ぎなので、買い物客など人出が多い時間帯と重なることも相まっているのでしょう、それは大変な賑わいです。

相撲列車が駅に到着すると、相撲列車の到着を待ち構えていた人ばかりでなく、偶然にその場に居合わせただけの人までも、一斉にスマートフォンを向けて写真や動画を撮影します。２００余名の力士集団が一度に下車してくるのですから、さぞや迫力があることでしょう。

私たちは、駅への到着日時を公表していません。しかし毎年のパターンが決まっていますので、「ツウ」の方々は必ず集まってくださいます。出迎えを受ける私たちも、その歓迎ぶりに胸が熱くなるものです。

相撲列車の地方場所乗り込み風景は、各地の風物詩にもなっています。

三月場所の相撲列車は、冬の終わりと暖かい春の訪れを。

出迎えが多い名古屋駅では、たくさんのスマートフォンが向けられる

新幹線の車内

鬢付け油の香りとともに

七月場所の相撲列車は、梅雨の終盤と本格的に暑い夏のはじまりを。

十一月場所の相撲列車は、晩秋と冬支度への備えを。玄界灘で獲れたサバやアラといった新鮮な魚介類やもつ鍋、豚骨ラーメンなど、博多の食のクライマックスもこの時期に重なります。

相撲列車は、鬢付け油の香りとともに、それぞれの土地に季節の訪れを運んでいます。

横綱でも、巡業部長より先には改札を出られない

近年では、地方巡業の際に新幹線駅下車後に即バスでの移動へというパターンが多くなったので、興行地の駅に直接降り立つことが少なくなりました。とはいえ、地方巡業の際にも熱烈な出迎えの歓迎を受けます。

地方巡業時の相撲列車では、下車してから改札を通る順序に絶対的な決まりごとがあります。

最初に改札を通るのは、巡業部長の親方でなくてはなりません。たとえ横綱でも、巡業部長が出なければ改札を通ることはできません。巡業部長、副部長などの親方衆が改札を出たら、横綱・大関・立行司が続きます。後は関脇以下、関取衆や十両格以上の行司その他資格者が改札を抜けていきます。その後ようやく付け人の若い衆が一斉に改札を出て行きます。このルールを知っておけば、ひいきの力士がどのタイミングで改札を抜けてくるのかおおよその予想がつくでしょう。また、乗車の順番も同じルールで、巡業部長が改札を通るまでは、他の人は待っていなくてはなりません。

改札口に立つ「風紀係」

巡業中は相撲列車に乗車する際に「風紀係」と呼ばれる関取衆数名が改札口に立っています。風紀係とはその名のとおりで、巡業中の秩序や風紀を監視する代表者です。もちろん他の資格者は、風紀係の補佐をしなくてはなりません。

風紀係は改札口で若い衆の身だしなみをチェックしています。あいさつの声が小さかったり、そもそもあいさつがしっかりできていなかったりすれば、その場できちんと注意をします。風紀係は巡業部からの指名制で、ベテラン力士から選ばれる傾向にあります。

迎え札に引かれた斜線の数の意味

話を下車したときに戻します。

迎え札。春日野巡業部長、横綱白鵬、大関貴景勝、立行司式守伊之助は赤い斜線が4本、遠藤、阿武咲は三役力士なので赤い斜線が3本入っている

下車後、それぞれ宿泊するホテルや旅館に向かいます。宿泊先に向かうために、親方衆と小結以上の役力士、三役格以上の行司や呼出し、特等床山には、原則1人1台の迎車（タクシーを含む）が用意されています。運転手は、それぞれの名前が書かれた「迎え札」というものを手に持って各人を出迎えます。

迎え札は相撲字で書かれていて（これも行司が書く）、名前の上には赤く斜線が引いてあります。斜線の数は親方衆と横綱・大関・立行司が4本、関脇・小結・三役格行司・三役以上呼出し・特等床山が3本……という具合です。

第二次世界大戦前頃までは、移動は自動車ではなく、馬車や人力車が主流だったそうで

す。迎え札の赤い斜線の数は、各人の乗った馬車や人等の数を表していた、その名残です。

一方、幕内以下はマイクロバスなどに分乗します。最近は駅前や隣接しているホテルを利用することもあるので、このときは全員徒歩で向かいます。

ファンとの触れ合いとマナー

巡業先での出迎えのほか、大移動時の東京駅での見送りをはじめとするその他地方巡業での駅構内は、大勢の相撲ファンであふれかえります。ファンに声をかけられて、写真やサインに応じる力士の姿もよく見かけます。

一方残念ながら、レストランやカフェなどで食事中の力士を勝手にパシャパシャと写真に収めたり、食事中の力士にサインをもらいに来る方もいらっしゃいます。これは力士たちにとっても、決して気分のよいものではありません。状況をよく把握してからお願いしていただきたいものです。

また、言うまでもないことですが、駅構内やホーム、列車内は公共の場所です。力士の写真を撮るために立入禁止区域に侵入したり、荷物を放置したまま出歩いたり、駅構内やホームを走るなどの危険な行動は、まわりの方にとって迷惑になります。そして重大事故につながる危険性も増します。

私たちも含めてですが、節度ある行動をとり、公共の場所ということを忘れずにいたいものです。

かつては力士専用のお座敷列車も

相撲列車は、鉄道網が発達しはじめた明治末期から、現在同様に運行されていました。現在のほとんどの列車はグリーン車と普通車に分類されますが、以前は一等車・二等車・三等車と3つの等級に分けられていました。取締（現在の役員待遇以上の親方衆）と横綱・大関・立行司は一等車、他の親方衆とその他幕内力士、幕内格以上の行司は二等車の利用が許されていました。その他は全員三等車だったそうです。

かつての二等車は現在のグリーン車に当たり、三等車は普通車に該当します。かつての一等車に当てはまる車両は、北海道・東北・北陸新幹線にあるグランクラスかもしれませんが、そのくくりは現在正式にはありません。

平成6年までは、十両力士であってもグリーン車は利用できませんでした。平成7年から力士は十両以上の関取衆全員がその待遇にあります。

グリーン車とは異なりますが、昭和の北海道巡業の列車移動には、幕内以上の力士専用のお座敷列車が用意されていました。車内いっぱいに畳が敷かれていて、家庭用の扇風機が用意されていました。

先輩「輸送係」の苦労

今と違い、昔の巡業のほとんどは露天（野外）興行で、雨に祟られて中止順延になることもしばしばだったそうです。中止順延になると、力士は休みになるので大喜びですが、その一方、その日の輸送係はてんてこ舞いです。

輸送係は、まずはその日の臨時列車を一刻も早くキャンセルしなくてはいけません。そして、特に巡業の前半で雨天順延が出た場合は、その後の予定がすべて乱れていきますので、関係するすべての鉄道管理局へ電話をかけ、列車の変更をお願いします。さらに、電話だけでは足りず、巡業先の鉄道管理局へ出向き、多少の無理は承知で頭を下げ変更をお願いしたそうです。

とはいえ、国鉄も寛大で「相撲列車なら仕方ない」と言ってくれたそうで、先輩輸送係は、「スジ屋」がダイヤの隙間に臨時列車のスジを書き入れていくのを眺めていたそうです。

現在は過密日程ですし、なにより、たとえ中止になったとしても、後の興行を順延することは不可能です。さまざまな意味でおおらかな時代だったのかもしれません。

博多帯ハンモック

私が入門した平成2年から平成6年までの間は、今よりも多くの相撲列車が走っていました。特に平成4年くらいまでがピークで、この当時の相撲界は若貴ブームに沸き、年間巡業開催日数も90日を超えていました。その90日の半数くらいは列車移動でした。

相撲列車の様子も今とはまた違って面

白いものでした。

2年先輩の行司から、「昼寝をするから手伝ってくれ」と言われました。私は、昼寝をするのに、いったい何を手伝うのだろうかと不思議に思いました。その先輩は、幕下力士から博多帯を借りて（博多帯を使用できるのは幕下から）、折りたたまれた帯を広げはじめました。そして私に、広げた帯の端を荷物棚に縛るように言いました。

力士の博多帯をハンモックにしようというのです。

その先輩は身体も小柄でした。そして、力士の博多帯はしなやかで丈夫であり、なおかつ普通の博多帯よりも幅広く誂えてありますので、ハンモックにするには丁度よかったのです。

この、博多帯ハンモックはほんの一例で、車内で洗濯物を干す人や、通路を挟んで肘掛けに木枠を設置して、その上にマットを敷いて麻雀をする人など、旅慣れた様子や生活の知恵に、私は驚かされました。

思い出の「グリーン差額料金」

私の新弟子時代、団体臨時列車は電気・ディーゼルの各機関車の後ろに14系客車を連結させて走っていました。客車にはグリーン席はありません。ですから親方衆と幕内以上の力士と行司は「グリーン代用車」といって2両程を用いて座席を広めに使用していました。それでもあくまで代用車であり、グリーン席ではありません。

そこで支給されるのがグリーン差額料金です。グリーン車に乗れる待遇を有するにもかかわらずグリーン席を使用していないため、その差額料金を支給する制度です。実際に乗車した営業キロ数をJ

Rのグリーン料金表に当てはめて1人当たりの料金を計算し、それを後日支給してまわるのです。

新弟子だった私は、先輩の言いつけで幕内力士に差額料金を配りに行きました。なかには「いらない。お前にあげる」と言って、お金を受け取らない関取衆もいました。自分のお小遣いになるのでうれしかったのですが、当時の私にはお金を使う時間がありませんでした。

新弟子は、新弟子としての仕事のほか、付け人や他の先輩から頼まれる用事がたくさんあります。時間的に銀行へ行くこともままなりませんし、コンビニも今ほど多くはありませんでした。結局のところお金の入った封筒の封を切らずに自分のカバンの中に入れていました。

巡業も長くなると、小銭でカバンが重たくなってきます。なくさないように、取られないようにとヒヤヒヤしながら持ち歩いていました。やがてこの制度は平成6年を最後に廃止となりました。

思い起こせば、楽しいばかりの相撲列車

行司として駆け出しの頃の私にとって、巡業中の相撲列車はいつも楽しい時間でした。列車がホームへ到着する姿を見てはワクワクしていました。目的地は、まだ行ったことがない、はじめて訪れる場所ばかりです。はじめて乗車する路線で車窓の風景を眺めながら、デパートの駅弁大会でしか見たことがない駅弁を実際に味わうのも楽しみの一つでした。

全国各地の知らない土地へ、相撲列車が連れて行ってくれました。四季折々の風土を感じさせ、方言・建物・食文化などの違いを体験させてくれました。

毎日朝が早く、日中は用事に追われ疲れているはずなのですが、列車に乗ると鉄道好きの血が騒ぎ、眠ることができませんでした。

改めて思い起こしますと、一つひとつの情景が鮮明に脳裏に焼き付いています。

今では新幹線も整備され、さまざまな部分で便利になった一方で、情緒漂う牧歌的風景がどんどん失われてきました。14系客車は廃車され、その一部はジョイフルトレインに改造されていきました。

路線の第三セクター化や廃線も進み、団臨が走れる機会が急速に失われつつあり、何とも言い難い寂しさが募ります。

第一章

コラム1

峰崎親方&銀治郎さんインタビュー

銀治郎さんの師匠である峰崎親方に、よく言えば大らか（悪く言えば雑？）な時代の、今ではありえないような相撲列車の思い出についてうかがってみました。だんだん話は鉄道からそれてしまいましたが、最終的には師弟愛に……？

峰崎修豪
昭和31年生まれ、青森県八戸市出身。昭和46年三月場所初土俵。元幕内・三杉磯。引退後、練馬区に峰崎部屋を興し、力士の生活を厳しく見守っている。

能町みね子(聞き手)
昭和54年生まれ。エッセイスト、イラストレーター。相撲愛好家でもあり、テレビやラジオの相撲番組における軽快なトークが人気。

親方も実は鉄道マニア

峰崎親方（以下、峰） 俺は、銀（銀治郎さん）がウチ来てからは、「鉄」はだいたいやめたの。ソラ（航空マニア）なの。でもそれまでは俺、銀ちゃんみたいだったんだよ。

――へぇえ！　なかなかお相撲さんで「鉄」の人いないですよね。

峰　18、19くらいのときかな、大阪（三月）場所の先発組が1人入院して人が足らないから行ってこい、って言われて。電車好きだったから、新幹線じゃなくて急行で行ったんだよ。

――え、東京からずっと急行ですか！　何時間ですか？

峰　何時間かなあ。朝方出て、着いたの夜だった。みんな新幹線で来ると思ってたのに、着いたら夜だもん。「てめえこの野郎、何してたんだ今まで！」って怒られて（笑）。

木村銀治郎（以下、銀）　現役時代、明け荷（関取がまわしや浴衣など、身の回りのものを入れる行李）の中に時刻表入ってたんですって。そんな人知らないですよ！

――「巡業のついでに、ちょっとこの電車乗りに行こう」みたいなこと、よくやってたんですか？

峰　巡業では移動手段としてしか乗ってなかったね。俺は富士乃真（元幕内。現：陣幕親方）ほどアレじゃないです。

――富士乃真さんって、鉄道マニアなんですか！

銀　あの親方はもう。もっとです。

――でも親方が鉄道に詳しいことは、周りの人も知ってたんですか？

峰　みんな知ってましたね。あの頃はちょっと断ると、巡業でもすぐ別行動できたからね。

特に今の大島親方（元関脇：魁輝）、こないだ亡くなったザオウさん（元幕内：蔵玉錦）、琴ヶ嶽（元幕内）の先代白玉親方とか、そういうメンバーが早く行きたくていつも朝8時くらいに「おい、今日はどうやって行くんだ」って聞いてくる。常に時刻表が頭に入ってた。今はもう銀ちゃんがいるから錆びてるけど。

銀　僕は十両上がった（平成18年）頃、うるさくなかったんでよく別行動してましたよ。18きっぷで。

――青春18きっぷ！　楽しんでますね。

銀　巡業って1カ月くらいあるから、ずっとみんなといっしょにいるのが疲れるんですよ。親方の現役当時は列車移動が6～7割。今は9割5分バス移動ですけど。

峰　今はもうバス移動ばかりで苦痛だけど、当時はバス移動がたまにしかなくて、めちゃめちゃラッキーだと思ってた。だって、（荷物を）積んだらすぐ乗れるもん。列車移動だと、まず相撲場から駅までタクシーを手配せにゃいかん。

――タクシーを手配するのは付け人ですか。

峰　うん。

銀　駅まで2km以内だと、若い衆は歩きだったんです。幕内の関取はマイクロバスだけど、バスだって実際、来るか来ないか分かんないですよ。三役以上はタクシーチケット。むちゃくちゃな人なんか、タクシーチケットで次の巡業先まで行ってましたね。

峰 はっはっは。あったなぁ、あとでクレームついて。

――そりゃ怒られますよね（笑）。

銀 でも、言っちゃえば、最近は次の巡業先までタクシーチケットで行っちゃおうっていうようなむちゃなことする力士もいないですよ。

峰 当時は楽しかったな。むちゃくちゃだったけど。

――そんなむちゃくちゃが聞きたいんです！

昭和40～50年代、むちゃくちゃな相撲列車

――新弟子の頃だとけっこうむちゃさせられるんですか？

峰 うん。（始発の）上野駅で勝負ですよ。上野駅で、ハンカチでもタバコでもなんでも持って、いちばん先に走っていくんですよ。それでポンポンポンとセキトリをするわけ。

――関取？

峰 ほんとうの「席取り」です。そこで1カ月、巡業中の席が決まるんです。取れなかっ

たら、ずーっと床に座るか、寝るか。自分の席じゃないですよ、同じ部屋の幕下の兄弟子たちの席を取る。できれば、車両の真ん中ぐらいからね。人の出入りが少ないから。

――あー、兄弟子たちの席取っとかないと怒られる、みたいな。

銀　席取りが行きすぎて、入線してきたときに、車両に飛びつくのまで出たんですよ。むかしの列車は、内側にパコッて折れるユニットバスのドアみたいな扉だったので、扉が開く前にグーパンチでボーンって破っちゃうのもいて。

――むちゃくちゃですね！　いつくらいの話ですか？

峰　俺が新弟子の頃……昭和47年とか50年くらいかな。

銀　それで、車両が壊れるから、国鉄から席をしっかり割り振ってくれって言われて。平成に入ってから、きちんとどこまでがどこの部屋ねって、席を割るようになったんです。

――席を割らないと電車を壊すから（苦笑）。

銀　そもそもグリーン車はついていないので、幕内以上の力士・親方衆・幕内格以上の行司は「グリーン代用車」と呼ばれる車両を2両使って、そこに座るんです。席自体は普通で、人数をゆるめにして広く使う。十両は、今はグリーン代用車ですが、平成6～7年頃までは普通車でした。だから、十両の関取と、幕下の兄弟子が座る席を、若い衆が取らないといけなかった。

――じゃあその頃いちばん辛かったのは、十両や幕下の兄弟子の席取りをしなきゃいけない若い衆たちですね。幕下の兄弟子が一番楽してる（笑）。琴欧洲さんが、ケガしてるのに席を譲ってもらえなくて真ん中の席に追いやられて……という話も本文中にありましたね。

銀　でもね、座らせてくれるだけまだマシな方ですよ。昔は、兄弟子が２人居たら真ん中なんか座れないです。デッキに座り込んだり、スーツケース立てかけて寄っかかったり。

――電車の中で暇をつぶしてるときは何をするんですか？

峰　寝てるしかない。リクライニングしないから、疲れるよな。隣のイスに足を乗っけて寝るとか。関取はワンボックスに普通は２人。

銀　ワンボックス４人分を１人で座るのは、横綱と巡業部長くらいじゃないですか。

――平幕でやっとボックスに２人ですか。確かにあそこにお相撲さん４人は無理ですもんね。銀治郎さん、昔は列車内で力士が麻雀やってたって言ってましたね。

銀　通路を挟んで４人が座るんですよ。

峰　４つの肘掛けに棒を渡して、半分に折れる板を広げて、その上にマットを敷いて。通路で麻雀やってるせいで、トイレに行けないんだよ。板をくぐっていくと「てめーこの野郎！」って蹴っ飛ばされる。だから、網棚通って（笑）。昔だから、金網じゃなくて紐の網棚だよ。

——網棚！　網棚に１００kgのお相撲さんがこう……。網棚の横の柱をつかんで這うように行くしかないですよね（笑）。当時、みんなタバコも吸ってましたよね？

峰　吸う吸う。麻雀は一車両に3、4組あったよね。ふっふっふ。

——じゃあ、モクモクしたなかに簡易雀卓が並んで、床に人は座ってるわ網棚に人がいるわ……。親方も麻雀はしたんですか？

峰　いや、俺は賭け事一切しないから。まあ、今は博打してたらえらいことだよ。

銀　北海道巡業行ったとき、お座敷列車乗ったっすよね。畳敷いてある。

峰　ああ、たまにあったね。でもあれ、グリーンでしょ？　幕内、関取衆だけだよな。

——そこだとゴロ寝状態？　確かに楽ですね。

銀　みんな汗かいてるじゃないですか。まず着てる浴衣を西日に当てて乾かすんですよ。客車のジャケット掛けに掛けて目隠しにして、まずみんな脱ぐ。

——お相撲さんはみんな脱ぎますもんね、すぐ。暑いから。

銀　でも関取衆は、浴衣で降りちゃダメなんです。巡業地を出て行く時は浴衣でいいんですけど、幕内の関取が新しい土地に入って列車を降りるときは、ちゃんと染め抜きを着なきゃいけない。その土地に入るんで、お出迎えの人も勧進元の人たちもいるし。

峰　国技館に入るのと一緒だよ。相撲が終わったら浴衣かどてらだけど。

――でも、それだと付け人もお座敷列車についてくるんですか？

銀　いや、付け人はもう、頃合いを見計らって着物を持って行くわけですよ。

――大変ですね！

峰　アンテナ張ってないとダメ。今の若い衆じゃ到底できないですよ。

――親方も若いときに不条理な目にあったりしてるんですか。

峰　あったねえ。秋田の湯沢から釧路かどっかに臨時列車走らせてたの。で、長万部あたりでね、夜中に兄弟子が「おーい腹減ったなあ、弁当買ってこい」っていうんです。でも開いてないじゃん、夜中なんか。しかもディーゼルだから、扉が開かないんです。だから窓から降りて。北海道のホームってね、古いところってだいたい低い。だから、（降りるとき）めちゃめちゃ高いんですよ。それでも買ってこなきゃいけない。で、下にステテコ履いてサンダルで買いに行って。今思えば、何時に列車が出るのか分からない。「だいたい1時間止まってるから行ってこい」みたいな感じだから。

――お相撲さん全員に時刻表なんか配らないですもんね。でも、よく手に入りましたね。

峰　それは大変なんです。もう（窓を）叩いてね、なんとかならないかって。「ありません」じゃ帰れないんで、つくってもらって。

銀　でも、夜中の3時だったら弁当屋開いてますよね。仕込みやってるから。

――ああそっか。ギリギリ。

峰　で、買って帰ってきたらもうエンジンふかしてるわけよ、ぶわーっと。列車が走り出したんですよ。そしたら兄弟子が「先に弁当よこせ！」って。じゃあ俺どうすんだよって思ったら、ディーゼル車はオイルのキャップがあるんですよ、あれに足かけて飛び乗れ！って。それで引き上げてもらって。大変だったよ！

――大変どころじゃないと思います（笑）。

銀　僕も、先輩に「パン食べたい」って言われて、民家行って食パンもらってきたことあるんですよ。平成になってからですよ。田舎だとコンビニもなかったしね。

峰　それしか楽しみないんだよ。金はないし、ヒマはないし。

関取になってから

――親方が逆に、付け人とかにむちゃ言ったことはないんですか？

峰　私が付け人に？　いっぱいあるんじゃないかな。俺は必ず煎じたお茶を飲んでたんで、それは若い衆につくってもらって。夏は特に暑いし、長旅だし、めちゃめちゃ疲れるの。

――それはすごくいいことですね。ちゃんとした子になりそう。でも、ペットボトルなんかもない時代に、列車の中での飲みものはどうしてたんですか？　水筒ですか？

峰　水筒、大きいのみんな持ってたよね。関取衆は。

銀　むかしは駅に水飲み場があったじゃないですか。でも氷は売ってないから、あらゆる手段を尽くして確保するんです。喫茶店入って、おばちゃんこれに氷入れてくれる？とか。僕は付いてる先輩の行司の魔法瓶に水を入れるのに、自分が乗る列車じゃなくてよその客車に行って、ウォーターサーバー探して水入れてました。冷たいんで。

――工夫しないと生き延びていけないですね。

峰　そうなんですよ、それが大事なんです。だから強くなるんだよ。今はほら、決まったことをちゃんとしなきゃダメだよって教えるから。「この野郎」って思わないとダメですね。今はそう思ったら、逃げるか辞めるかだから。

――電車内でお酒は入るんですか？

峰　酒飲まんなぁ、あんまり。飲むったってビールくらいだな。そういえば、俺は仙台から「はつかり」に乗ったときにね、食堂車がついてたの。俺そこでビール全部買ったなあ。

――ビール全部？　全部!?

峰　全部（笑）。三沢の米軍の兵隊も乗ってて。４人テーブルが４つか５つあるじゃない、全部払ってやるからみんな飲め、って。食堂の担当の人に「ビール２、３ケース仕入れろ」って言って盛岡で補給してもらって。それくらいなくなっちゃったんだよ。

――米兵にも全部おごって！　やっぱり豪快ですね～（笑）。それにしても親方、ギャンブルはやらない、お酒もそんなでもないと言われる割には、しっかり……。

峰　あんまり飲まないですよ。おごってあげるのが好きだから。言い出しっぺが全部払うんだよな。

銀　食べ物にお金出さないお相撲さんは嫌われてますよね、昔も今も。行こうよって言ったら、その人が全部払う。

峰　俺、今まででいちばん最悪だったのはね、十両のときかな、名寄で巡業があったの。札幌から相撲協会の臨時列車が出たんだよ。それで魁輝さんが（札幌の巡業後に）「今日どうする」っていうから、「先に旭川に行ってサウナ入るか映画見て、それからゆっくり行きましょうよ」って言ったの。で、そうしてから旭川駅に行ったら、定期列車と相撲協会の列車が増結してるんだよ。稚内行きの最終の急行なんです。で、改札のまん前が役員と関取衆のグリーン車だったんだよ。それで「おい、もう乗れんなこれ」って（笑）。

銀　そのときの巡業部長は二子山親方、鬼の若乃花（初代）ですよ。

峰　「まいったな、どうする？」って。それで、タクシーで行こうよ、と。

――旭川〜名寄をタクシー？

峰　4万5000円くらいかなあ。でも、タクシーならもっと早いかと思ったら、じいさんの運転で、飛ばさないんですよ！　俺らが着いたら協会が先に着いてて、俺らは草むらで隠れてたんだよ（笑）。みんなが入ったらスーッと入ったけど、次の日かわいがりだよ。

――バレたんですね。結構めちゃくちゃやってますね（笑）。

銀　室蘭では特急止めたんですよね。

峰　ああ、室蘭で！　あのね、室蘭巡業で、駅のそばの高台に相撲場があったの。それで、前もって若い衆に在来線特急のチケット買わせてたんだよ。本来なら難なく乗れるはずだったんだけど、どんどんどんどん予定が押してくからやばいなと思って、若い衆に

「行って（列車を）止めとけ！」って言って。そしたら、待っててくれたの。

——えー！　相撲列車じゃないのにですか？

峰　そう。10分くらい止まったんじゃないかな？「今来ますから、今来ますから」って。

——ゆるい時代ですね、ほんとに。今だったら大ニュースになっちゃいますよ。

峰　もう辞めて部屋持ってからも、恵庭の巡業でね。そのとき俺、先発で行ったんだよ。旅行料金をかなり持ってたんだけど、恵庭に着いた途端にめちゃめちゃ涼しくて、ボーッとして駅の改札に忘れたんですよ、金を。タクシー乗って宿に行って、金払おうと思ったら財布がないんだよ。一気に汗が出たよ。あわてて戻ったら駅長が保管してくれてた。

——えーー!!　いい人でしたね……。

峰　で、まあ、いいとこだなあと思って、すぐ若い衆呼ぼう、って。それでみんな北斗星に乗っけたじゃない。

銀　そのときうちの部屋、力士数少なくて。3人くらいしかいなかったから。

峰　「俺この日に（巡業の仕事）終わるからお前ら飛行機で来い」って。

——え、特に巡業と関係なく弟子みんな呼んで？　それでみんなで北斗星で帰ろうよって？　単なる鉄道旅行ですね。いい話ですね！

銀 僕はそのとき巡業出てましたね。

——銀治郎さんは乗られなかったんですか……。それにしても親方、北海道好きですね。

輪島さんとの思い出

峰 巡業の思い出で言えば、俺は輪島さん（元横綱）についてたな。10人くらい付け人いるんだけど、ほとんど俺1人で（仕事を）やってた。序二段から幕下上がるまでずーっと。

——輪島さんはどうですか、厳しさは。

峰 まったくないね。ゆるいというより物を知らないいちゅうか……うるさくなかったよね。ただ、（付け人の）先輩にうるさいのがいっぱいいたから、大変でしたけど。仙台巡業のとき俺、朝4時くらいに体育館行って、ほんと1人で（仕事を）やったんですよ。そんで宿に帰ってきたら、だーれもいないんだよ。輪島さん、全員幕下以下の付け人9人を連れて飯食いに行ってたんだよ。

——輪島さん、何考えてるんですかね（笑）。

峰 古参力士が（付け人の先輩に）いっぱいいたんですよ。そいつらばっかり行っちゃって。さすがに俺、アタマ来て口きかなかったの。私らはね、輪島さんの荷物めちゃめちゃ持ってたんで、それで力も強くなったんですよ。

――輪島さんの荷物なんかは、列車の中でどこに置くんですか？　網棚に置いちゃっていいんですか？

峰　上（網棚）しかないね。分かんないから、着物何十枚も持ってくる人だった。

――分かんないから（笑）。おしゃれとかではなく？

峰　ふつう俺らだったらさ、着流しと染め抜き、替えを2枚くらい、肌襦袢、とかかな。でもそうじゃないの、輪島さんはぜーんぶ持ってくの。で、ほとんど使わないの。

――（笑）。輪島さんっぽいですね！

峰　その当時ね、中国巡業があって、ベルトがついてる革のカバンが流行ったの。あれがカラでもほんっと重いの！　それを2個くらい持たされて。そりゃ力も強くなりますよ。

銀　スーツケース、今みたいにタイヤついてないんです。こうやって（手にさげて）ふつうに持つじゃないですか。怒られるんです。（肩に）かつがないとダメ。さげて持ってると力を抜いてるって言われて、「てめえこの野郎！」って。

――ああ、明け荷みたいに担ぐんですね。ずーっとやってたらかなりキツいですね。いまはみんなキャリーカートを引いてることもあるし、荷物運びはだいぶ楽になっていそうですね。バス移動ですし。

銀 僕、バスへの積み残しがないように最後に見回りするんです。全部屋をまわって。

峰 おれ、積み残しの目に遭ったよ。幕下のときに。

――親方がですか？

峰 新潟の神社（護国神社）で巡業やってて、輪島さんが山ほど荷物持ってきてさ。横綱は明け荷も3つあるじゃない。全部運ばなきゃいけない。

――明け荷3つって1人で運べるんですか？

峰 （取組用の）締め込み締めた時点では、（土俵入り用の）2つは片づけてるから。それで2往復するでしょ。それで、戻ってきてから横綱が締め込みを外した時点で最後の1つ。しかも（明け荷をくるむものが）今みたいに、テントみたいなガワじゃないんです。昔は薦を編んだガワだったから、明け荷を包むと、下に畳のへりみたいなのが出るじゃないですか。それを畳んで、ちっちゃい畳みたいなやつピタッと合わせて、紐で結ぶの。ほんと難しかった。

――手間もかかりますね。

峰 トラックも、会場から近いところに一応置くけど、中まで入って来られなくて遠いところに置かれることあったよね。新潟もけっこう遠かったの。それで、最後の明け荷を運んでトラックに積んだら、誰もいなくなってて、輪島さんの荷物だけあるんだよ。で、タクシーも何もなくて。だから、荷物担いでずーっと歩いて新潟駅まで。

――3、4キロを、肩に担いだ状態で！

峰 途中ね、（先代）貴ノ花さんと輪島さんがタクシーで通って。「おお上沢（峰崎親方の本名）、お前なにやってんだよ、乗れよ」って言われたけど、ブチギレて「いやいいです！」って。何やってんだよ、荷物捨てるぞ！と思って（笑）。

――けっこう輪島さんに対してキレてますね（笑）。

峰 いや、いい人なんだけどね、人に無関心だから。疲れたな～あんときは。ほかの付け人、みんな行っちゃったんだよ。兄弟子ばっかりなんだけど、番付は俺より下だった。

――ああ、そっか。いちばん恨まれやすい状態ですね。

銀 横綱の付け人には多いですよ。番付はいちばん上だけど、入門順はいちばん下の弟子っていうのが。

峰 あと、奄美の巡業でね。俺ボトル２本くらい飲んだんだよ。ダルマ（サントリーオールド）。

――ウイスキーボトル２本ですか！

峰　輪島さん、陸奥嵐さん（元関脇。酒豪で「東北の暴れん坊」として有名）、二子岳さん（元小結）が同じ宿だったんだよ。で、輪島さんが逃げたんだよ！　付け人も逃げたわけ。おれ、知らないで1人でいたからね。で、陸奥嵐さんに「輪島呼んでこーい！」って言われて。

――よくそういう場所に居合わせますね！

峰　「いや、いません」ったら、「お前1人か、来い」って言われて。あのとき俺らの同期が2人いて、王湖さん（元幕内、のち世話人）と竜起（元幕下）の2人に「上沢お前、飲むカッコしてすぐ帰れ」って言われたけど、結局ガンガン飲まされて。トイレ行って全部戻したんだよ。最悪ですよ（笑）。

――いやいや、陸奥嵐さんなんて、いちばん怖いですね。それにしても輪島さんの話が盛り上がりすぎて、鉄道からはみだしてしまいました。

ふしぎな師弟関係

――あ、そうだ、鉄道模型もなさってますよね。いつからですか？

峰　関取になってからかな？　若い衆のときはちょっとだけ。ＨＯ（ゲージ）だな。よく天賞堂は通い詰めましたよ。部屋をこっちに持ってからは余計に（買い集めて）。

――峰崎部屋の、自分の部屋の中でですか。

峰　いや、でも結局できなかったですよ。忙しくてやる時間もないし。天賞堂にはだいぶお金つぎ込んだけど、あれどこへやったんだっけ？　ああ、ネットで売ったんだ。

――売っちゃったんですか！

銀　花籠部屋と合併する前に、荷物片づけようとしたら何箱も出てきたんですよ。けっこうバラバラに入ってたんで、車両のヘッドマークが合わないのとか、僕が全部直して。

――何の弟子だか分からないですね（笑）！　いや、ほんとに銀治郎さん、峰崎部屋でよかったですね。

峰　富士ちゃん（富士乃真）も、銀ちゃんに鉄道のこと聞きに行ってたよな。

銀　いや、あれは旅の報告です。いすみ鉄道行って、酒飲んで蕎麦食って、って話でした。

――銀治郎さんの鉄道愛はともあれ、銀治郎さんから見て親方の鉄道愛はどうですか？入門した時は知らなかったわけですよね、親方が鉄道好きだって。

銀　いや、知ってましたね。「相撲」誌での永六輔との対談とか、読んでましたよ。子どもが読む「スポーツマン大百科」みたいなのの、趣味の欄にも「鉄道」って。ほかの関取衆はだいたい酒と麻雀なんですけど。

――知ってたんですか！　そりゃ趣味欄の「鉄道」は目立ちますよね。

銀　HOゲージをやってる人も身近にいなかったんで。

――峰崎部屋に入門するべくして入門したんですね。

峰　おととしか去年か、銀にあれ買ってやったじゃん。サンライズの……

――親方がサンライズ出雲のチケットをプレゼントしたんですか？

峰　そう。いやあ、取れない取れないって言ってるからさあ。なにげに（大阪場所宿舎の最寄りの）高槻の駅降りて、夜10時前、あるかなあって行ったらあったんだよ、1つ。

銀　毎日行ってもなかったんです。それが、親方が行ったときたまたまあったんです。

――そんな師弟関係、相撲界にないですよ！　鉄道のきっぷ取ってあげるなんて！

銀　しかも「A寝台じゃなくてごめんな」って言われました。いやいや、十分ですって。

峰　はっはっは。特急券だけだったからさ、あした乗車券も買ってやるよ、って言ってな。

――相撲界でも、唯一無二の関係ですね……！

第三章

きっぷの手配方や列車移動あれこれ

どのような規則に沿ってきっぷの手配を行っているか。そして、番付がモノをいう大相撲の世界において、誰がグリーン車を利用できるのか。親方衆の隣には誰が座るのか。具体例を添えてご紹介します。

JRにおける日本相撲協会の取り扱い

JRの旅客営業規則によりますと、日本相撲協会の取り扱いは、特殊取扱団体のうちの特殊団体、そのなかの相撲協会団体に当てはまります。他の特殊団体にはどのようなものがあるかというと、自衛隊団体、在日米軍団体、新規学卒就職団体、遺族団体です。

運輸研究会編の「東海旅客鉄道株式会社旅客関係単行規程集（平成9年6月1日現行）」には、団体旅客等取扱細則の第3章特殊取扱団体、第4節特殊団体（特殊団体の区分）第47条と第48条、第51条に相撲協会団体についての記述がありました。

第47条　特殊団体は、次の各号に掲げる区分により取り扱うものとする。

（3）　相撲協会団体

団体の種別

団体	指定席団体 自由席団体	主催団体	普通団体
			学生団体
		共催団体	普通団体

団体	普通団体	一般団体		
		特殊取扱団体	包括契約団体	
			㊫団体	
			特殊団体	自衛隊団体
				在日米軍団体
				相撲協会団体
				新規学卒就職団体
				遺族団体
	学生団体	一般学生団体		
		料金減免団体		
	訪日観光団体			

財団法人日本相撲協会主催の地方巡業者によつて構成され、責任のある代表者が引率する団体

第48条　特殊団体については、次の各号に定めるところによるほか、普通団体の取扱いによるものとする。

(1)　次に掲げる団体については、旅客規則第43条及び連絡規則第29条の規定にかかわらず、その一部の旅客が、旅客車又は船室の施設を異にする場合であつても、全行程を同一の人員で、発着駅及び経路を同じくして乗車船するときは、一口の団体として取り扱うことができる。

イ　相撲協会団体

第51条　相撲協会団体の取扱方は、第48条の規定によるほか、団体乗車券を発行する場合は、別表第16に掲げる証明書を収受するものとする。

特殊団体の一員として求められていること

なぜ日本相撲協会が特殊団体に組み込まれているのか、理由は不明です。昭和になり鉄道輸送が主流の時代にあって、一時は500名以上の人員で地方巡業が行われていました。年間90～100日の巡業のうち、そのほとんどが列車移動でした。あくまで推測ですが、人数の多さといったところからも、この規則が制定されたものだと考えられます。

特殊団体として、このように規則で守られている以上、よりきちんとした道徳が求められるのは言うまでもありません。

どの階級（番付）からグリーン車を利用できるのか

大相撲の世界では、何かにつけて番付がモノをいいます。年功序列という部分もなくはないですが、公式な場で適用される序列はすべて番付です。

では、グリーン車に乗れるのは誰なのか。前に少し触れていますが、改めて書き出してみます。

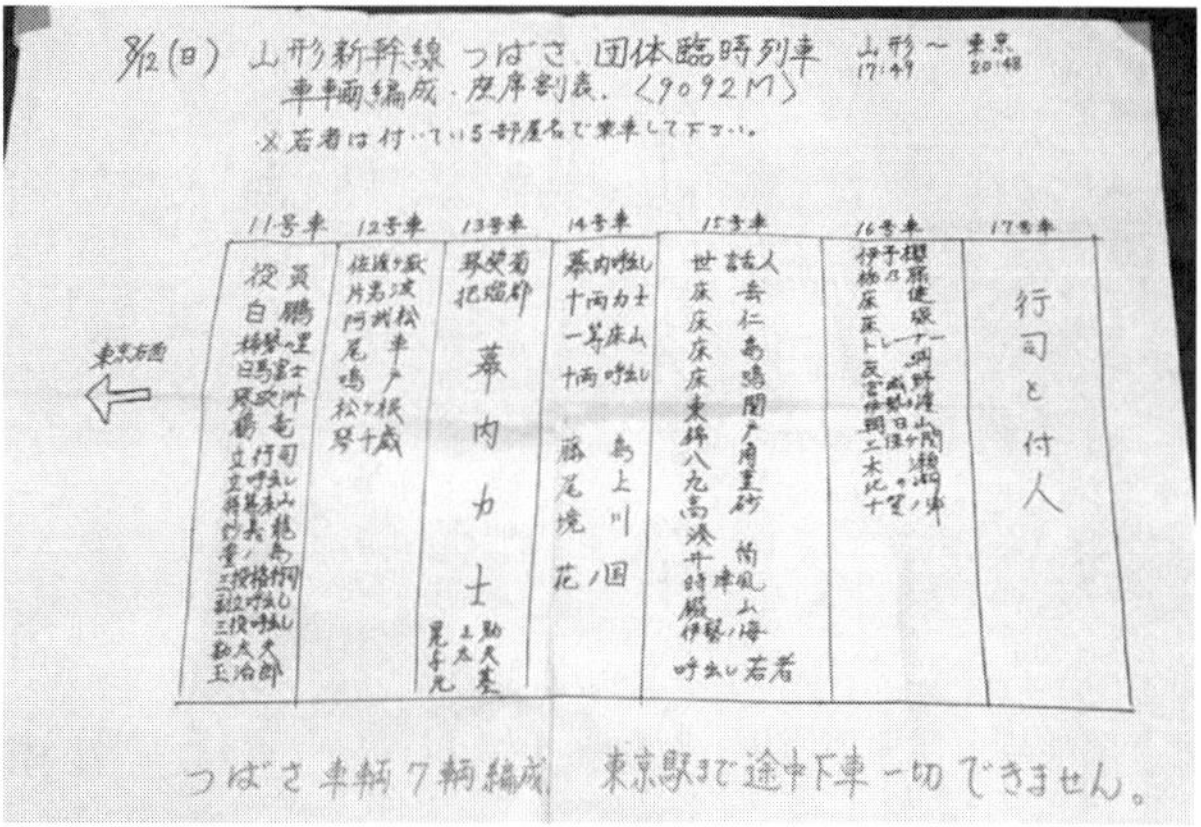

山形新幹線貸切の車両割表。「つばさ」の11号車はグリーン車

■グリーン車に乗れる人

親方衆全員・十両以上力士（関取衆）・幕内格以上行司・幕内以上呼出し（但、幕内呼出しは地方巡業時のみ）・特等床山と勤続40年以上の一等床山

■普通車に乗る人

幕下以下の力士・十両格以下行司・若者頭・世話人・十両以下呼出し・勤続40年未満の一等以下床山

この基準をもとに相撲列車の座席割や新幹線代金の支給額の計算を行います（ただし、グランクラスに関しては規定がない）。

かつて座席には、一等車に「イ」、二等車に「ロ」、三等車に「ハ」、というイロハ順の記号が与えられていました。しかし昭和35年（１９６０年）に一等が廃止され、二等が一等、三等が二等に格上げされます。そして昭和44年に一等車がなくなり、グリーン車・普通車となった現在では、グリーン車に「ロ」、普通車に「ハ」の記号が付されました。座席の「ザ」を用いて、それぞれをロザ・ハザと呼んでいます。

この呼び方はＪＲのみどりの窓口でも通用しますし、私たちも座席や代金の計算をするときに「今回の巡業の参加人員は、ロザ〇〇人（席）、ハザ〇〇人（席）」といった具合で使用します。

普通列車でもグリーン料金を支給する

地方巡業の最終日が首都圏エリアの場合、全員に両国までの運賃を支給し、各々帰京することがあります。首都圏エリアを走る列車には快速・普通列車にグリーン車が連結していることもあります。対象者には運賃のほかにグリーン料金も合わせて支給します。

例えば、最終巡業地が神奈川県川崎市だった場合は、川崎～両国駅間の運賃のほかに錦糸町駅までのグリーン料金も支給するといった具合です。

団臨では横綱でも普通車が吉

東海道・山陽新幹線以外の新幹線では、グリーン車の席数が非常に少ないです。秋田新幹線を走るE6系のグリーン席数は22席です。九州新幹線「みずほ」「さくら」の山陽新幹線に直通するN700系では24席しかありません。

数少ない座席に横綱をはじめとする関取衆を無理に座らせてしまうと、かえって窮屈な思いをさせてしまうことになります。ですからこのような場合は、力士たちには普通車に移ってもらって、力士以外の人たちにグリーン車を使用してもらいます。

平成29年の冬巡業で、鹿児島中央〜小倉駅間を臨時さくら号の1編成貸切で利用したときのケースで説明します。N700系R編成の6号車は、普通36席＋グリーン24席の合造車です。また東海道新幹線とは違い、普通車指定席で使用するシート列は2＋2の4列シートです。このときは1編成貸切ですから、こちらの思いどおりに座席を使用することができました。グリーン席には親方衆と立行司、立呼出、特等床山の計12名で乗車し、各人の隣の席はすべて空けました。

同じく6号車の普通席は、横綱・大関を含む三役以上の力士と行司・呼出で使用しました。このうち横綱・大関には座席を1人当たり4席使用してもらい、車両角（車両の端の座席）を割り当てて、気兼ねなくシートを転換させて倒し、脚を伸ばしてゆっくり使えるように工夫を施しました。このような使い方も、貸切であるからこそできることです。

親方衆の隣には誰が座るのか

身体が大きいのは現役の力士だけに限りません。親方衆も現役を退いているとはいえ、平均的な大人よりも身体が大きい人が大半です。ですから、親方衆の隣席も極力空けておくことが望ましいです。ですが、団臨ならともかく、そうでない場合は隣席を空けておくことは極めて難しいのです。旅客営業規則第２編第４章に乗車券類の効力、第１節通則内の第１４７条５に乗車券類の使用条件がありました。

同一旅客は、同一区間に対して有効な２枚以上の同種の乗車券類を所持する場合は、当該乗車船については、その１枚のみを使用することができる。同一旅客が、同一区間に対し有効な２枚以上の指定券を所持する場合についてもまた同じ。

同じ券種を１人で複数枚持っていたとしても、使用できるのは１枚のみであるということで、つまり、隣に誰にも座ってほしくないという理由で隣席の券種を確保しても、隣の席の券種は無効であるという内容になります。これに当てはめて、グリーン車1両を貸切にしていないのであれば、親方衆の隣席も、空席のままにはせずに使用します。

その場合多くは、同門や同部屋所属の行司・呼出・床山を隣席にあてがいます。これは、日々忙殺される巡業中において、お互いにさまざまな話ができる機会にもなるわけです。

そして、親方衆の隣席には力士を座らせないよう配慮をします。身体の大きな力士が隣に座ることは、物理的に窮屈であると同時に、力士の立場に立てば、隣が親方衆、まして自身の師匠だったらゆっくり寛ぐどころではないからです。カチコチに縮こまって、車内で昼寝でも……なんてことはできなくなります。

富士山が見える方がいい。

西日が当たらない方がいい。

前席の人に倒されるのが嫌だから進行方向の一番前の席がいい。

新幹線がトンネル内ですれ違うときに起こる突発的な振動がいやだ。

座席の数字にこだわりがある。

個々のあらゆる嗜好をできる限り把握して、状況を想定し、席割することが重要です。

巡業における繁忙期の座席利用

完売している指定席でも、その席に誰も座っていない場合に、車掌の判断で席を再販売してもらえることがあります(その後、もしその指定席を有する旅客が来た場合は、速やかに席を譲らなくてはいけない)。空席の再販売にもつながるため、私たちは、最初に申し込んだ座席数よりも、けがなどによる巡業の不参加や途中離脱などで大幅に減員した場合には、JRに速やかに座席を返却するようにしています。

また、力士は、身体が大きいからといって、複数名用の座席を広々ゆったり使用するわけにはいきません。三人掛け

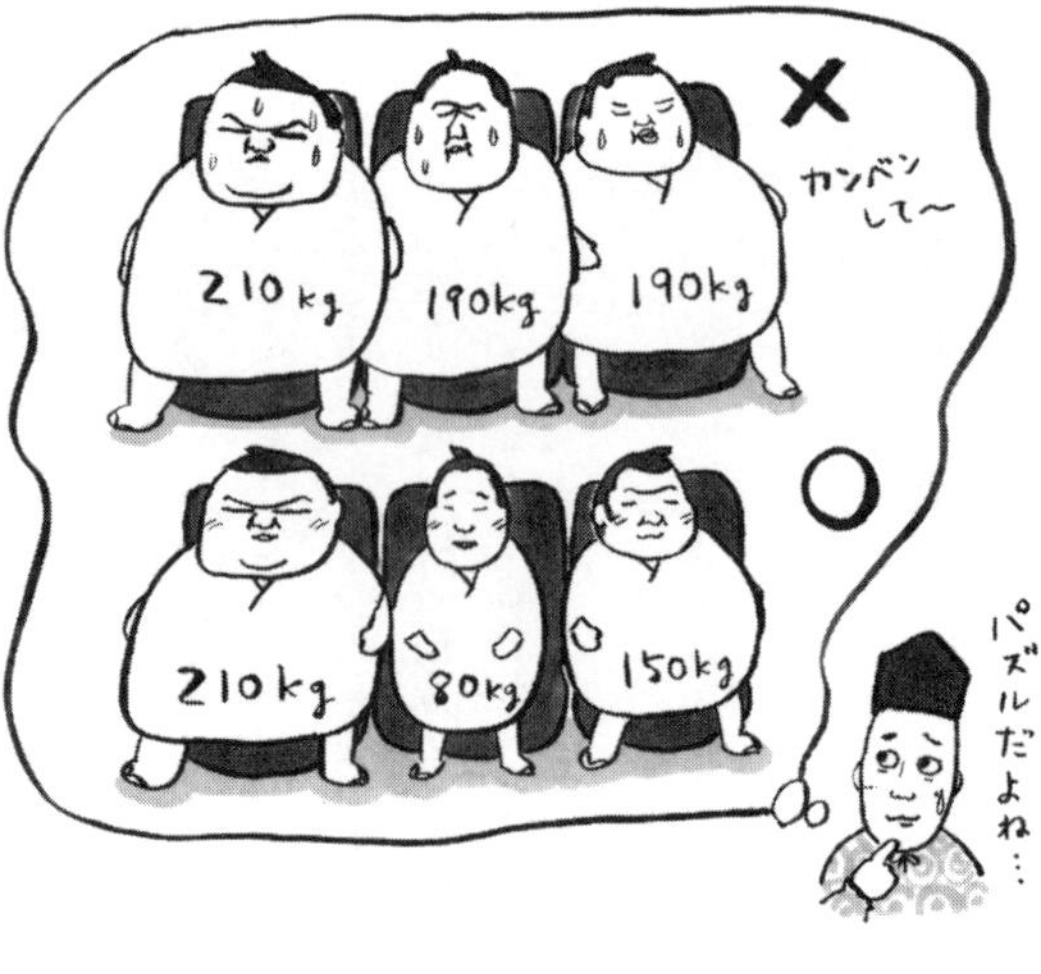

に、体重が１６０kg超の力士同士がきっちり３人で座ることは物理的に不可能です。三人掛けは３人で、二人掛けは２人で座るのがルールです。そこで、身体が大きな力士の隣席には、体重が１００kg未満の幕下以下の力士や、若い行司・呼出し・床山を、パズルのピースを埋めるように配していきます。

繁忙期、特に夏巡業が行われる８月には、夏休みとお盆休みがあります。駅構内も車内も大変な混雑です。定期列車を使用するにあたり、特に１両貸切ではなく車両の一部座席を使用する場合は、細心の注意と配慮が欠かせません。

力士１人当たりの座席数

令和２年５月現在、日本相撲協会に在籍する力士数は７０４名です。最軽量は65kg、最重量は２３８kgで、平均体重は１５０kg〜１６０kgあたりでしょうか。２００kg超の力士も10人ほどいますし、１９０kg台になってくるとその数は膨れ上がります。最近の力士はどんどんと大型化が進んでいますが、それに合わせて座席も大型化しているかといえば、決してそうではありません。

東海道新幹線Ｎ７００系のような普通席（２列＋３列シート）の場合、身体の大きな力士が1人1席となると、やはり窮屈です。しかし先程述べたルールがある以上、1人に対して1席しか使用できませんので、工夫が必要になってきます。

体重が約120kg～140kgくらいの力士が、ABCの3列シートを3人で使用する場合、かなり窮屈ではありますが、決して座れなくもありません。肘掛けを2本ともハネ上げて3人のなかで1番細身の力士をB席に座らせるようにすれば、なんとか収まります。

では、200kgの力士が3人並びで座ることができるかといえば、これは不可能ですので、超重量級の力士と、平均的な体格の力士、細身の力士とうまく組み合わせていかなければなりません。貸切の場合は重量級力士には二人掛けを1人で、三人掛けを2人で使用してもらいます。

地方巡業中の新幹線1編成貸切のような場合は、座席のレイアウトも私の自由にできますので、ゆとりのある座席数に、ある程度余裕をもった座席割が可能です。

しかし、大移動時は車両の貸切はあっても1編成貸切ではありません。一般の方も乗車されています。あくまで基本は1人1席ですから、仲間同士で上手くやりくりしながら座っている光景が見られます。

「お尻が大きい」と、グリーン車に座れない

十両以上の関取衆はグリーン車に乗車できることは前に述べました。しかし、なかには「物理的」にグリーン車のシートに収まらない力士もいます。このような力士は、身長や体重が問題なのではなく、「お尻が大きい」力士です。

グリーン車の座席の肘掛けは、上げることも引っ込めることもできず、固定されています。一般の方にとっては、隣席の人とお互いの肘がぶつからないような幅広い設計だと感じることでしょう。

しかし、お尻の大きい力士、特に腰回りからお尻が大きい力士にとっては、グリーン車の座席も決して幅広ではありません。むしろ、肘掛けの先端部分が、膝から股に当たって痛いのです。

貸切の場合、お尻の大きい関取衆には、グリーン車ではなく、普通車に移動してもらい、三人掛けを2人、二人掛けを1人で利用してもらうか、あるいは三人掛けを転換、向かい合わせにした合計6人分を2人など、その時々の状況に応じて臨機応変に対応しています。

力士2人での移動の場合、選ぶ座席はA席とC席

相撲列車とは別に、力士が少人数で移動する際は、比較的空いている時間帯や列車を選んで移動しているようです。

例えば力士2人で移動するとします。購入するのはA席とC席です。その場合、B席が空席であることを確認してから購入します。新幹線に乗車された方ならわかると思いますが、指定席で最後まで売れ残るのは3列シートの真ん中に当たるB席です。よほどの混雑がない限り空席のB席に誰かが来るのは極めて低い確率となります。

では、D席とE席はどうか。隣に人が来る可能性は高く、二人掛けの席に2人並んで座るのも窮屈ですから、敢えて三人掛けのA席とC席を購入しているのです。

これはある力士から聞いた話です。東京から岡山への移動の際、2人の力士がA席とC席に座っていました。途中の新横浜駅でB席の指定席券を持った人が乗車してきました。その方は、力士の姿と、自分のきっぷと、車両番号と座席番号を何度も見たうえで、困惑した表情のままB席に座りました。やがて、検札に来た車掌が、「空いている席がほかにありますが、そちらにご案内しましょうか?」と声をかけてくれたのだそうです。

その方もそうですが、力士もさぞかし窮屈だったことでしょう。

今は自動券売機で車両と座席を選択することができますから、好きな座席を自由に購入できます。とはいえ、その一般の方もまさか自分の席に行ってみたら両隣が力士だとは想像もしていなかったでしょう。券売機のシートマップに力士マークでもあればよかったのですが。

力士に限らず、誰もがゆったりと座って移動したいものです。これがもし繁忙期の立席が出ている状況ならば、車掌が見かねたとしても、車掌判断で先のように席を移動させることもできなかったでしょう。

座席割は車内中央から。その理由とは

地方巡業での相撲列車の座席割をするときには、まず出発の14日前に締め切られてから、3日後の11日前に使用できる車両席数と図面が手元に届きますので、そこからロザ（グリーン席）とハザ（普通席）の総席数と総人数をあたります。

次に各待遇に当てはまる人数を確認し、ロザに割り振る人数を決めます。

全体の席のゆとりの有無をはじき出したところで、それに伴う座席割のレイアウトを頭の中で思い浮かべます。

全体像が大方見えてきたらいよいよ図面に名前を記入していきます。はじめに巡業部長から名前を書き込みます。

N700系のぞみ・ひかりの8号車であれば9番D席か9番A席、E5系・H5系はやぶさ型車両およびE2系の東北・上越新幹線の9号車の場合は7番A席・7番D席、北陸新幹線E7系・W7系では8番A席・8番D席といった具合に、常に車両の中央から順次席割をしていきます。理由は、どちらの出入口（デッキ）からも離れており、一番人の通行が少なく、車内の中央部分は比較的列車の「揺れ」が少ないからです（最近では、車両の性能が上がり、「揺れ」も少なくなった）。

例外もあり、秋田新幹線E6系と山形新幹線E2系は運転席が搭載されている車両がグリーン車となっていて、デッキが連結部分方向にのみある関係上、運転席側の一番突き当たり、1番A席1番D席から記入していきます。

九州新幹線N700系グリーン席普通席の合造車でもある6号車では、1編成貸切時には7号車と8号車は締切使用通行不可になる関係上、博多方面に向かう車は先頭車、鹿児島中央方面に向かう車は最後尾となります。そのため15番A席と15番D席の一番端の席を使用します。それぞれを軸にして、あとは副部長以下各親方衆の席割を行っていきます。

横綱・大関は付け人とセット

横綱・大関に普通席に乗車してもらう場面もあります。このときには横綱・大関用に車両中央部に1人当たり2席〜6席確保して、その前後のシートに各々の付け人を配置します。横綱・大関は関取衆のなかでも別格で、さらに横綱は特別です。付け人を必ず側に置いておくことで、こちらとしても何かと安心です。特にリクエストがなくても普通車に横綱・大関が座る場合は、付け人とセットで考えるのがよいのです。

横綱・大関と上位力士の位置を決めたら、後は順次番付をもとに体型や一門、部屋、同期同郷同学閥等、日頃の関取衆同士の関係性等を踏まえて席割を行います。

さまざまな工夫と好み（マゲの収納場所など）

大きな身体で長距離移動を強いられ、かつ新幹線に乗り慣れている力士たちを見ていると、乗車の際の好みや工夫など、いろいろな発見ができます。

二人掛け席に座る力士には、肘掛けをすべて上げてからシートの境目に腰を降ろし、シートとシートの間にできる僅かな隙間に綺麗にマゲを収める人がいます（最近は隙間のあるシートも少なくなった）。机を出して腕まくらにして眠る力士もいます。いずれも、マゲが崩れるのを防いでいるようです。

窓に頭をくっつけて寝る力士もよく見かけます。首を痛めることを防いでいるのでしょうか。足元の負担を減らすために、雪駄を脱いでその上に足を乗せている力士もいます。けがをしている足を通路側に伸ばしたいという人は、通路側の席を活用します。そのほか、首を傾ける方向にこだわる力士もいて、傾ける方向の好みは左右どちらかに分かれます。かつて、左に首を倒したいから、左に首を倒せる席にしてほしいと、リクエストを受けたこともありました。

リクエストにはなるべく応えてあげたいです。しかし番付がすべてのタテ社会

です。すべてに応じるわけにはいきません。とはいえ、叶えられる要望は、たとえそれが些細なことであったとしても、なるべく叶えてあげたいとは思っています。

名古屋駅からは、力士は席を分散して乗車

東海道・山陽新幹線での大移動乗車時において、東京・新大阪・博多の各駅からは、それぞれの駅が始発となる列車に乗車します。始発ですので、列車への乗り込みに要する時間にはゆとりがあります。

しかし、名古屋駅となると、事情が違います。

名古屋駅始発については、のぞみもひかりも朝6、7時台には限られた本数しか運行が設定されていません。

名古屋駅発の相撲列車では、ひかりを利用しています。東京方面へは岡山駅始発か新大阪駅始発のどちらかの列車に乗車しますが、途中停車駅になりますので、停車時間が限られます。今でこそ停車時間が6分もある列車も存在しますが、1分しか停車しない列車もあります。

約180名の力士が2両半程の車両に短時間で乗車するところを想像してみてください。停車時間わずか1分のところ、下車する人を待ったのちに、約180名の力士が大き

な荷物を抱えて、限られた車両に一斉に乗り込むわけです。

そこで、名古屋駅から東京駅へ向かう新幹線に限って、車両を貸切ることなく1車両に約20人～30人といった具合で分散乗車をしています。

車両だけでなく、乗車口も分散

一例として、平成19年7月30日のひかり412号の例では、6号車、7号車と12号車～16号車の7両に分かれて乗車しました。

乗車口も一箇所に固めることなく、座席が乗車口から遠くなっても、分かれて乗車するようにしました。与えられた座席のほとんどは入口付近に固まっています。座席に近い乗車口から皆で乗り込んでしまうと、どうしてもデッキ付近に人溜まりができやすくなってしまいます。また、席に辿り着いても荷物を上げるなどで通路を塞いでしまうため、スムーズな乗車を妨げます。ましてや身体の大きな力士です。着席するだけでも大変な労力です。

東海道新幹線のダイヤは非常に過密です。繁忙期や休日は臨時列車も多数運転されます。遅延を招くような事態は絶対に避けなければなりませんし、発車ベルが鳴り響くなかを慌てて乗車し、万が一事故でも起こしたとしたら一大事です。

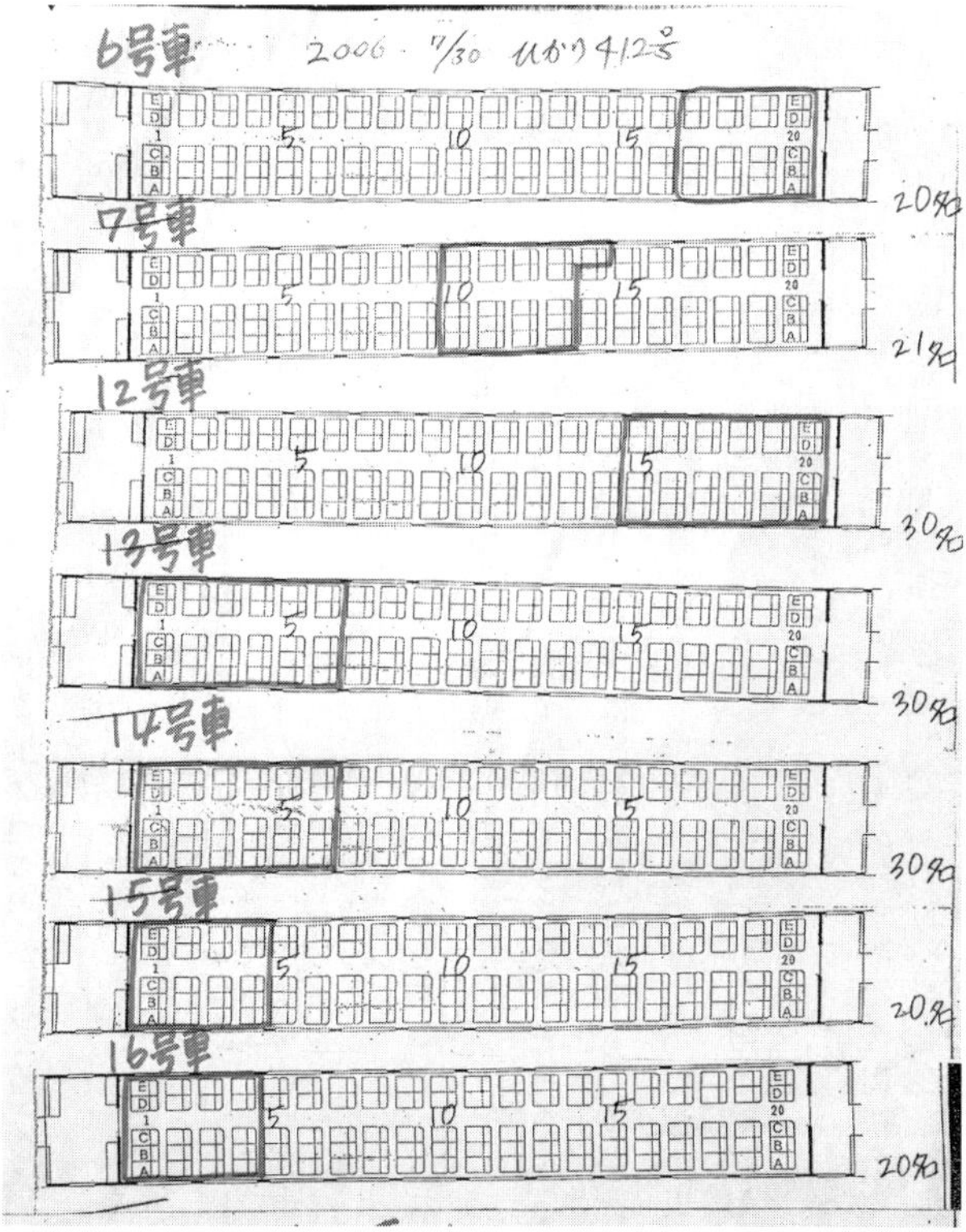

座席のほとんどは車両の入口付近にかたまっている

車両と乗車口を分散することによって、スムーズな乗車ができるように工夫を凝らすとともに、事故のないように心がけることが大切です。

定期列車でも分便して移動することがある

近年の地方巡業中の移動は、全員同一行程での移動ではなく、定期列車に分便しての移動が増えてきました。分便を迫られる状況として、次のようなことが挙げられます。

1．出番を終えた力士から順次移動できる場合

相撲列車で移動する際は、取組を終えた力士や用事を終えた人たちから順に駅へ集まります。駅への集合が早い力士と遅い力士とでは、最大約2時間もの差があります。ですから、定期列車が走っている場合に限りますが、早く移動の準備ができた人から順次その次の興行地へ移動してもらうようにしています。最後の人まで待たずに移動すれば、駅コンコースに大勢で滞留しなくても済むからです。

駅によっては待ち時間を過ごす場所がないこともあります。仮に待合室があったとしても、一般の方もいらっしゃいますし、そもそも、一つの待合室に収まり切れる人数ではあ

りません。乗車できる列車があるのであれば、先に次の興行地へ移動してもらった方がよいと考えています。

2．列車の運行本数が少ない場合

東海道新幹線の主要な停車駅のように、数多くの列車が発着する駅であれば、分便する必要性はありません。しかしなかには、1時間にわずか2本しか停車しないというような駅もあります。そうなると必然的に分便移動を余儀なくされます。

団体列車の予約開始は乗車日の9カ月前からと決められています。この時点で同一列車に全員分、約280席超を予約することは可能です。JR側もダメだとは言いません。しかしそれをしてしまうと、他に必要としている人たちにきっぷがまわらなくなってしまいます。

わずかな本数しか停車しない列車の、その貴重な1本の座席の予約を、1カ月前の一般売りが始まる時点でほとんど埋めてしまえば、一般の方に迷惑がかかってしまうと考えます。そのようなことが決してないように、私たちは配慮しなくてはなりません。

また同一列車で全員が移動できたとしても、下車駅の大型バスの駐車スペースに限りがあることもあります。

全員同一行程で移動することが理想ですが、さまざまな事情がからむと、どうしても分便移動になってしまうことがあるのです。

航空機移動より鉄道移動がベター

大相撲の世界で航空機を利用する場面を挙げてみますと、個人的な所用や部屋単位での合宿地移動、巡業不参加者の東京～福岡間移動、加えて地方巡業中において函館以外の道内各地から東京間と福岡・鹿児島から沖縄各地へ、またそこからの帰京といったところが主になります。以前は東京から富山・金沢などへの移動にも航空機移動の実績がありますが、北陸新幹線が開通した今では航空機移動の必要性はなくなりました。

航空機での移動は、さまざまな条件と、鉄道移動よりもさらにきめ細やかな決まりごとのなかで行われます。

横綱・大関は分けて搭乗させる

航空機移動をする際には、まず、参加人数を把握します。そして、参加力士全員の体重が書かれた書類を作成します。書類は、後々各航空会社への申告の際に必要になります。

次に、あらかじめ確保している便に、誰を搭乗させるかの便割をします。ここで重要となるのは、力士の振り分け方です。

例えば、那覇から帰京する際に、航空機4便を確保していると仮定します。その4便に番付と所属部屋、体重等などを勘案しながら振り分けます。力士の便割を行う際には、最初に横綱・大関をどの便に搭乗させるのかを決めるのですが、横綱だけが乗る便をつくらない、大関だけが乗る便をつくらないなど、決して同一便に偏って搭乗させないようにするルールになっています。所属部屋も重要な勘案事項で、同部屋力士を同一便に搭乗させないようにします。仮に、ある部屋に幕内の関取が4人いる場合は、確保している航空機4便には、原則1便に1人ずつを振り分けて搭乗させるような割り振りになります。

便割における最重要基準は、「万が一最悪の事態に陥ったとき」を想定することです。事故や事件など、「万が一最悪の事態に陥ったとき」、もしも、同一便に横綱・大関が全員搭乗していたら。もしも、同一部屋の力士が全員同一便に搭乗していたら……。

常に最悪の事態を想定し、万が一の場合も、最小限の被害に食い止めなければなりません。

大移動時に航空機利用は特に不向き

大移動時の航空機移動はどうでしょうか。

力士においては、日頃の稽古や生活の中でのけがや体調不良によって、移動できる人員が日々変化します。搭乗するはずだった力士が突然引退していくことも多々あります。40以上ある相撲部屋の状況をリアルタイムで把握するのは、むずかしいことです。

100名を優に超える相撲団体が航空機で移動する場合には、確実に搭乗する人数と名前と体重を航空会社に申告しなければなりません。

航空会社は、体重や体格に合わせて作成したシートレイアウト（それぞれの名前と体重やシートベルトの本数等が記入された一覧表。備え付けのシートベルト1本で足りる力士はごく少数にすぎない）に基づいて、座席の準備を行います。航空会社にとっても手間となります。

検査ゲートを通過しなければならない時間も、団体は一般より早い時刻で設定されています。来るはずの力士が来なかったり、突然人が入れ替わったりしたら、その場その場での対応もできませんし、ひいてはフライトの大幅な遅延の原因となってしまうことも予測されます。

その点、新幹線などの鉄道ですと、名前や体重を鉄道会社に届ける必要はなく、仮に座席に余裕ができた場合でも、貸切車両においては、身体の大きな重量級の力士に使ってもらえば済むのです。

航空機は速くて便利です。東京から福岡まで、新幹線で約5時間かかるところ、航空機であれば僅か1時間40分から2時間くらいで到着します。

この先、超伝導リニアをはじめとするより速達性の高い乗りものの出現や、航空・鉄道の技術の進捗によるさまざまな画期的な移動手段が登場することでしょう。

しかし現時点において、力士の団体移

動、さらには人員が激しく入れ代わるという特殊な事情を考慮すると、力士たちにとって、制約やルールがより多い航空機移動よりも、鉄道移動の方が利便性が高く、ベターだと考えられます。

大移動時の東京〜博多間の往復は新幹線を利用していますが、福岡県内やその近郊で巡業を打ち上げたときの帰京には、航空機を利用します。

地方巡業中ですと団体で長い期間人の入れ代わりもなく（途中帰京等で減員するのみ）、同一人員で行動しているために、搭乗者とそれに伴う体重などの情報もガッチリ把握し、準備も容易だからです。

相撲列車においても、乗車予定だった力士が当日になって駅に来られなかったり、部屋の事情で相撲列車に乗るメンバーと、地方場所の宿舎の先発隊および残務整理隊のメンバーが入れ替わったりすることは日常茶飯事ですが、飛行機移動のような調整や手間はかかりません。

力士は電車で両国に集う

東京本場所中の場所入りの際、幕下以下の力士たちは電車で両国までやってきます。幕下以下力士には、必要な交通費が支給されます。両国駅はＪＲの他に都営地下鉄大江戸線が通っています。ＪＲの両国駅は国技館に隣接していますが、一方、大江戸線の両国駅は国技館の裏側、江戸東京博物館方面にありますので、少し歩かなければなりません。

一方、自家用車の送迎かタクシーの場所入りが許されているのは関取衆のみで、多くの関取衆は車で両国に来ます。そのうち、国技館内の地下駐車場に乗り入れられるのは横綱と大関の特権です。横綱と大関以外は国技館前から、館内の敷地を歩いていかなくてはい

両国駅前を歩く力士たち

けません。

両国界隈に部屋がある力士のなかには、関取衆でも徒歩で場所入りする人もいます。自転車やバイクでの場所入りは禁止されています（現役力士は車やバイクの運転自体が禁止されている）。

遅延時の対処法

鉄道に大幅な遅延が発生した際、力士たちは自身の取組に間に合うために、さまざまな方法について、頭をめぐらせます。

不測の事態に巻き込まれて、たまたま乗り合わせた列車が動かなくなるなど、トラブルは日頃からつきものです。

本来ならば自身の取組時に本人不在の場合、自動的に不戦敗の扱いを受けます。不戦敗は成績上では黒星の扱いですから、列車の遅延というだけで取組も行わずに負けになってしまっては、こんな理不尽なことはありません。列車で通う力士たちは、そうした事態に遭遇しても対応できるように、早めに部屋を出発します。万が一の場合には、迂回ルートを使ったり、タクシーで駆けつけたりと、とにかく1分でも早く到着できるように、最大限の努力をするわけです。しかしそれでも不測の事態に巻き込まれてしまうこともあります。

時と場合によりますが、そのような事態が生じたときに、取組自体を後回しにして、不戦敗の扱いをせずに遅れた力士の到着を待つケースがあります。ただし、道路の交通渋滞に巻き込まれたからという理由は通りません。あくまでも原則は不可抗力による列車の大幅な遅延が発生した時のみです。大幅な遅延でどうすることもできない、運転再開の見通しが立たない、代替輸送のバスが長蛇の列を成しているなどさまざまな状況に遭遇することがあります。

このような事態に陥ったときは、土俵の進行係を行っている若者頭（わかいものがしら。元力士が就く役職で、現在8名がその任務に当たっている）と呼ばれる人に、遅延の旨と現状の一報を入れます。そのうえで審判部と共に理由が明確かつ適正とみなされれば、あとは現場判断で本人の到着を待つか否かとなるわけです。その状況の中でも力士たちは少しでも早く会場に赴く努力を惜しんではいけません。

不測の事態の時こそ的確な判断と冷静な行動が必要です。日頃から迂回ルートなどの確認を行うことも重要です。

名鉄電車踏切事故の際の特別処置

平成元年7月13日、七月場所（名古屋場所）12日目に発生した名鉄電車の踏切事故では、多数の力士が影響を受けました。この事故で鳴海～本星崎駅間で上下線とも不通になりました。

上下線の開通は午前9時45分でした。同線を利用して場所入りする出羽海、時津風、大鵬、湊など7部屋の序ノ口、序二段、三段目力士に遅刻者が続出しました。午前9時30分の取組開始から約1時間、取組数45番のうち22番の取組で力士が土俵に間に合わなかったのです。

この後、両力士がそろった取組から先に消化し、全力士がそろった午後12時20分、三段目取組途中に、それまでに飛ばした取組36番をまとめて行いました。序二段取組途中で行われた9番を含め、123番中45番が特別処置扱いとして行われました。当時はまだ、力士が遅刻した場合は不戦敗の扱いをしていました。しかしこの事故においては、あまりにも人数が多いことから審判部で緊急協議が行われ、その結果、不測の事態で不可抗力だったということで、特別処置として扱ったものです。

携帯電話が普及していなかった時代です。列車遅延の際には、駅構内や周辺の公衆電話には長い行列ができました。インターネットも普及していませんでしたので、会場にいた関係者は、この事故を番記者やテレビのローカルニュースで知ることになったと思われます。連絡手段もままならぬ力士たちは、自分の取組に間に合うか否か不安でいっぱいだったでしょう。

当時中学3年生だった私も、その日のNHKの相撲中継で、この事故を知りました。

台風で遅延の際の対策

大型で非常に強い台風15号が令和元年9月9日早朝、関東地方を直撃しました。この日は国技館で、九月場所2日目の開催日でした。首都圏のJR・私鉄の各社は、前日8日から最終電車の時刻を繰り上げて早めの対応を行いました。翌9日は始発から多くの列車を運休させる計画運休を行う旨を発表しました。これを受けて、日本相撲協会では8日中に翌日の取組開始時間を8時40分から9時10分へと30分繰り下げることを発表しました。9日は発表どおり始発から運転を見合わせた路線がほとんどで、力士たちは地下鉄などを乗り継いで両国へと辿り着きました。徐々に運転は再開されたものの、大幅なダイヤの乱れが生じました。北総鉄道沿線の佐渡ヶ嶽部屋、新京成電鉄沿線の朝日山部屋、JR総武線沿線の武蔵川部屋、田子ノ浦部屋、つくばエクスプレス線沿線の立浪部屋の合計15名が間に合わず、序ノ口、序二段、三段目の取組13番が後回しになりました。

今回のケースは前日から台風上陸が予測されていて、対策ができたことと、万が一遅れそうになった場合の連絡先が回っていましたので、混乱することなくことなきを得ました。これは予め列車の運休が発表されていたので対策を講じられた例です。近年は、鉄道会社も事前に計画運休等の情報をいち早く決定し伝えるようになりました。これですと、事前の備えもできます。

第三章

まだある大相撲×鉄道雑学

現役力士の名前が特急の愛称に？　運転士に転身した力士がいる？　その筋では有名な出世列車のエピソード？　東京駅のイメージは横綱の土俵入り？　などなど、大相撲と鉄道が絶妙に交錯する雑学をまとめました。

人気力士の名前が特急の愛称に～特急「かいおう」

ＪＲ九州が運行する特急「かいおう」は、鹿児島本線・篠栗線・筑豊本線（福北ゆたか線）を跨ぎ、博多～直方駅間を所要約１時間で結ぶ優等列車で、愛称は、当時現役の人気力士だった福岡県直方市出身の大関魁皇から付けられました。過去に人名が列車愛称として採用されたケースは、ＪＲ九州の普通列車「いさぶろう・しんぺい」（逓信大臣の山縣伊三郎・鉄道院総裁の後藤新平）の例があります。しかし存命中の人物、しかも現役の大相撲の関取の四股名が列車愛称となったのは、「かいおう」がはじめてです。

かいおうの愛称が発表されたのは、運行前の平成13年七月場所後でした。場所前に「地元の人に愛されるように」という願いを込めて、ＪＲ九州の田中浩二社長（当時）が発案し、ただちに日本相撲協会と本人の快諾を得たのでした。

元大関魁皇、現在の浅香山親方の出身は、福岡県直方市です。昭和63年（１９８８年）の三月場所、地元の中学校を卒業と同時に友綱部屋に入門、同場所初土俵を踏んで力士としてのスタートを切りました。最高位は大関、幕内在位１０７場所（歴代１位）、幕内出場１４４４回（歴代２位）、幕内優勝５回のほか、たくさんの記録を打ち立てています。平成22年には幕内在位１００場所等を称えられて、日本政府から内閣総理大臣顕彰が授与されました。福岡県民栄誉賞、直方市からは特別市民文化栄誉賞も受賞しています。39歳

特急「かいおう」と並ぶ魁皇関。提供：JR九州

直前まで土俵に立ち続け、惜しまれながらの引退でした。

現役時代は誰からも愛され、とりわけ十一月場所（九州場所）での会場が一体となって起きる「魁皇コール」は凄まじいものでした。現在は浅香山部屋を創設して自身の弟子の育成に力を注いでいます。本場所では審判委員として土俵下にその姿を見ることができます。

筑豊地方を走る特急「かいおう」は、力士魁皇ともどもこれからも地元に愛され続けるのでしょう。

直方駅前の大関魁皇像

大関魁皇にまつわる話をもう一つ。

ＪＲ九州と平成筑豊鉄道伊田線（旧国鉄伊田

線）が接続する直方駅前に大関魁皇像が設置されているのをご存じでしょうか。除幕式は平成26年10月26日に行われ、元大関魁皇・浅香山親方も登場し、大勢のファンや市民が集まりました。高さ２３８㎝、重さ４８０kgの銅像で、土俵の形を模した台座の上に建っています。台座は低く、誰でも気軽に触れられます。魁皇関が塩を手に取り、これから始まる勝負へ向かう堂々とした姿を表していて、今にも動き出しそうな迫力です。夜にはライトアップもされていて、日中観るそれとはまた別の迫力があります。

除幕式当日には、直方駅とその周辺で「福北ゆたか線フェスタ２０１４in直方」として記念アームレスリング大会や鉄道ガラクタ市など、さまざまなイベントが開催されました。

また、「大関魁皇像建立記念きっぷ」も発売されました。１枚１０００円（大人）で、伊田線、糸田線、田川線といった平成筑豊鉄道全線が指定日１日乗り放題になるものでした。

予定では魁皇関と同じ身長
（約185cm）だったが、
迫力を伝えるために大きく制作

式典と除幕式には、大勢のファンや
市民も集まった

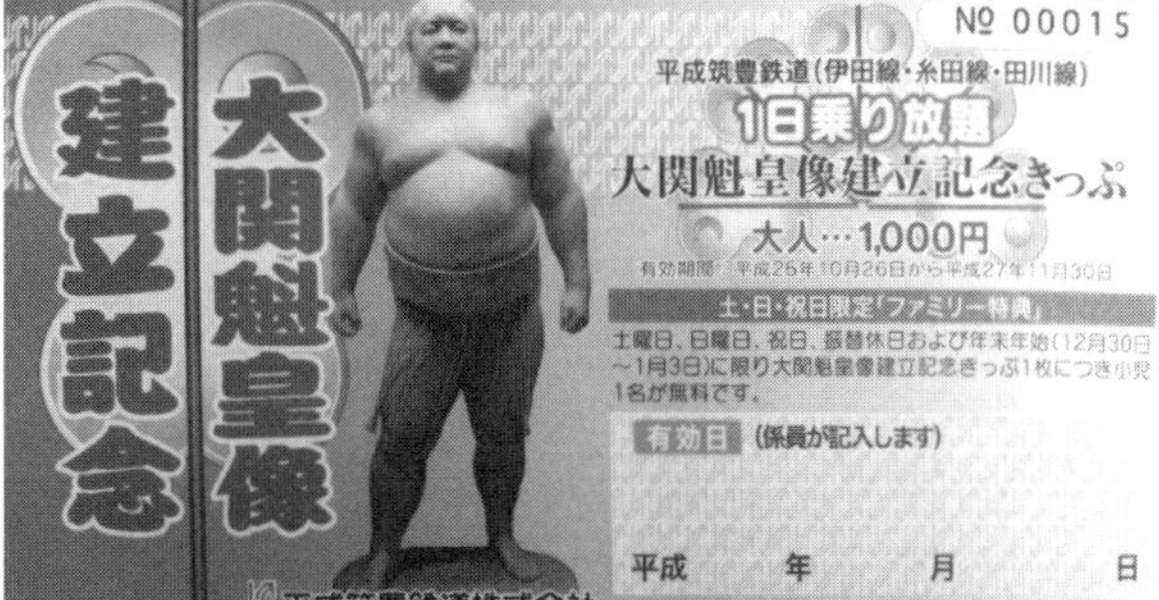

魁皇関の生涯戦歴1047勝にちなんで、1047枚の限定発売

小岩駅コンコースの横綱栃錦像

東京都江戸川区にある小岩駅。総武本線の駅ではありますが、中央・総武緩行線の各駅停車のみが停車する駅です。両国から千葉方面へ向かうと5つ目の駅で、東隣の市川駅は千葉県になります。ですから、特定都区市内制度（営業キロが２０１キロを超えると適用される制度。例として「名古屋→東京都区内」と乗車券面に記載される）における「東京都区内」の中ではいちばん東側にあたります。

開業は明治32年（１８９９年）で、令和元年に開業１２０周年を迎えました。周年イベントでは、小岩駅を最寄りとする田子ノ浦部屋所属力士の写真や手形他、大相撲に関するさまざまなものが展示され、オリジナルの記念スタンプも設置されて好評を博しました。

駅コンコースには、南小岩出身の第44代横綱栃錦のブロンズ像があります。

栃錦は地元の尋常小学校を卒業後に春日野部屋から13歳で初土俵を踏みました。昭和29年（１９５４年）九月場所には、前場所に続き14勝１敗の好成績をあげて連続優勝を果たし、場所後に横綱へ昇進しました。昭和34年に師匠の死去に伴い二枚鑑札［現役のまま年寄（親方）を兼務すること］で春日野部屋を継承し、好敵手である横綱若乃花（初代）とともに「栃若時代」を築きます。昭和35年三月場所では、若乃花と史上初の横綱同士14戦

小岩駅の改札を出てすぐ。待ち合わせの目印にもなる栃錦像

全勝の千秋楽決戦に持ち込みました。この一番は若乃花へ軍配が上がりましたが、通算対戦成績は栃錦の19勝15敗と勝ち越しています。同年五月場所中に引退して年寄春日野として弟子の育成と協会の運営に心血を注ぎます。昭和49年には日本相撲協会の理事長となり、昭和60年には両国駅構内の土地を国鉄から買収して蔵前から両国へと国技館を移転、新築落成の大事業を成し遂げた最大の功労者でもあります。昭和63年には理事長職をかつての好敵手、初代若乃花の二子山親方にバトンタッチして、自身は相談役（理事長職を終えた人のみが就くことができる名誉職）を務めていましたが、平成2年1月に病気のため64歳でその生涯を終えました。

現役時代は、しつこく粘り強い相撲を得意としたことから「マムシ」の異名を取り、幕内最高優勝は10回を数えました。

昭和30年代、日本国中を興奮の坩堝に陥れた栃若時代の記憶は、オールドファンには懐かしいところではないでしょうか。また、春日野親方が理事長を務めたからこそ、両国駅構内に新国技館を建設できたのだと思います。功績が讃えられブロンズ像が建てられたのは平成2年12月のことでした。

小岩駅開業120周年記念スタンプにも栃錦

運転士に転身した力士がいる

力士の多くは引退後に角界を離れ、さまざまな職業に就きます。その中に、鉄道業界に身を投じた人がいます。平川辰巳さんがその人です。

平川さんは平成元年12月4日生まれ、名古屋市南区出身です。幼い頃から鉄道と大相撲が大好きで、夢は列車の運転士になることでした。地元の高校を中退し、この時点で一度は運転士になる夢も諦めたそうです。

しばらく何もせずに過ごしていましたが、七月場所で宿舎を構えていた式秀部屋（元関脇大潮）に稽古見学に出かけたことが転機となります。もともと式秀部屋の宿舎は平川さんの実家の４軒隣に構えていました。この頃の式秀部屋は犬山市に移転していたのですが、そこまで足を延ばして出かけたのでした。そして稽古見学中に、部屋の親方やおかみさんに力士にならないかと声をかけられたのです。元来相撲好きだった平川さんは、力士になろうと決意しました。

初土俵は、平成19年九月場所でした。四股名は秀豊（しゅうほう）で、後に隼桜（はやとざくら）と改名しました。身長は１６８㎝、体重は一番肥ったときでも84㎏と、力士としては小兵です。一生懸命稽古に励み身体を大きくする努力も試みたものの、思うような結果が残せず、序二段31枚目の最高位で、平成28年七月場所を最後に現役生活に別れを告げました。

引退後、名古屋に戻り第二の人生の準備の最中のことでした。大井川鐵道とのパイプを持つ力士時代の後援者のつてで、大井川鐵道の面接の機会を得たのです。幼い頃からの夢でもあった運転士になれるチャンスです。平川さんは、現役中に通信制の高校へ通い、卒業も果たした努力家です。入社試験勉強にもおおいに励み、見事合格を果たしました。大井川鐵道入社は、力士引退から８カ月後、平成29年３月のことでした。

鉄道員としては異色の経歴を持つ平川さん

大井川鐵道は静岡県を走る鉄道です。金谷〜千頭駅間は本線で、近鉄や南海、東急の旧型車両やSLが走っています。千頭〜井川駅間の井川線には南アルプスアプトラインの愛称がつけられていて、現在では日本唯一のアプト式機関車が運行されています。

はじめは駅員として勤務していた平川さんは、やがて車掌の業務に就くようになりました。しばらく車掌を務めた後、令和元年6月に甲種内燃車試験に合格しました。正式名称を甲種内燃車動力操縦免許というこの免許の取得によって、日本の鉄道のディーゼル車両を運転することができるようになりました。

こうした努力の末、夢を叶えた平川さんですが、大好きな鉄道業界でも覚えなければならないことが身につかなかったり、やらなければならないことが思うようにできなかったりと、挫けそうになることが多々あったそうです。

そんなときに役立ったのが、力士時代に得た辛抱我慢の精神でした。

若い力士は厳しい稽古と団体生活を強いられ、多忙で自由時間ですら自分の意思で行動することもままならず、規律ある行動と生活を強いられます。そこで得た何苦楚魂（なにくそだましい）が支えになったのだというのです。

運転士になった今でも、平川さんは時折車掌として乗務しています。大井川鐵道の車掌業務は、乗客との距離が他の鉄道会社よりも近く、力士時代に経験したファンとの触れ合いにも似たところがあるそうです。

平川さんの「お客さまの夢と希望を託された部分においては、力士も鉄道も共通している」という言葉が印象的です。

平川さんは大井川鐵道の井川線に勤務しています。「千頭駅で下車したお客さまをお見送りすると、無事故安全で楽しい旅のお手伝いができたのだとホッとする」とも教えてくれました。

未来の横綱2人を運んだ前代未聞の出世列車

「長い大相撲の歴史の中でも前代未聞だろう。同じ青森から同じ日に入門し、同じ夜行列車で上京して2人とも横綱になるのだから。こんな痛快なことはない」

「土俵の鬼」の異名を持つ、青森県弘前市出身の第45代横綱若乃花（初代）の二子山親方が語った一言です。

青森県南津軽郡大鰐町出身の下山勝則少年（当時中学3年生）、後の第56代横綱若乃花（2代目）と、同じく浪岡町（現在の青森市浪岡）の高谷俊英少年（当時高校1年生）、後の第59代横綱隆の里の2人は、昭和43年（1968年）6月6日、二子山親方に連れられて、寝台特急ゆうづるで青森駅を発ち、二子山部屋に入門し、同年七月場所で初土俵を踏みました。

二代目若乃花は昭和53年七月場所で横綱へ昇進、昭和58年一月場所で引退、年寄間垣を襲名して間垣部屋を創設。平成25年12月、病気を理由に部屋を閉鎖して退職しました。

一方の隆の里は、昭和58年九月場所横綱昇進、昭和61年一月場所に引退して年寄鳴戸を襲名、鳴戸部屋を創設しますが、平成23年11月に体調を崩し59歳で急逝しました。

2人の少年が上京した昭和43年といえば、10月に国鉄史上最大の大規模白紙ダイヤ改正、俗にいう「ヨン・サン・トオ」が行われた年です。この改正の約4カ月前の出発当日、二子山親方は、力士になる決意を固めている下山少年を大鰐まで迎えに行ったその足で、当時高校で柔道をしていた高谷少年をスカウトするために浪岡へ立ち寄りました。

しかし高谷少年は、足のケガを理由に力士になることを躊躇しはじめます。そこで親方は、「東京には良い医師がたくさんいるから診てもらえばいい。それに君のために今夜のA寝台のきっぷも用意してある。行かないと無駄になるし、一度東京へ行って足を治療して東京見物してから帰ればいいではないか」と言いました。

「東京へは行ってみたいし、A寝台など乗ったこともない。何より東京へ行ったら地下鉄というものに一度乗ってみたい。足の治療をして東京見物してから帰ればいいのでは……」

高谷少年は、東京へ行くことを決めました。それからタクシーで青森へ向かい、親方行きつけの寿司屋で夕食を済ませ、帰り際には寿司折を2つずつ渡されたそうです。

青森駅に着くと、親方と駅長がなにやら話をしはじめました。

「寝台券、もう一枚なんとかならないか」

耳に入ったその話から、どうやらA寝台券のきっぷのくだりは、スカウトしたいがためめの口実だったことを、高谷少年は初めて知ることとなったのです。

ならば、一体何時何分発のゆうづるだったのか

ここまでのエピソードは、相撲ファンの間では広く知られた有名な話ですし、たくさんの相撲関連の文献で確認することができます。元隆の里である鳴戸親方も自らインタビューや対談などで語っています。

私自身も、中学生の頃からこのエピソードを知っていました。しかしあるとき、私の中である疑問が芽生えたのです。それは、二子山親方と2人の未来の横綱は、一体何時何分発のゆうづるに乗車したのかということです。上京のエピソードは語りつくされた感すらありますが、肝心のゆうづるの具体的な情報についての文献は見当たりません。

上京した年代と日時が明確である以上、当時の時刻表をめくれば一目瞭然なはずです。私はあらゆる文献からエピソードの詳細を一つずつ書き出し、時系列に並べて内容を精査し、当時の時刻表と照らし合わせる作業に取りかかりました。その結果、文献の内容そのものに誤りがあることや、話をしている人の記憶が年を経るとともに変化していることがわかりました。

きちんとした時刻などをここに残すべきとの思いから、事実を辿ってみます。

まず、ゆうづるについて簡単に説明します。

寝台特急ゆうづるは、昭和40年10月のダイヤ改正の際、上野〜青森駅間を常磐線経由で結ぶ寝台特急列車として、それまで同区間を運行していた急行北斗を格上げするかたちで新設されました。その後、電車寝台列車５３８系の投入もあり、最盛期で１日７往復を運行しましたが、平成６年12月を最後に廃止になりました。

私も実際に時刻表を見るまでは、当時の運行形態などを詳しくは知りませんでしたが、時刻表の昭和43年６月号を入手して見てみたところ、この時はまだ１日１往復しか運行されていませんでした。

３人が乗車した昭和43年７月当時の寝

台特急ゆうづるは、青森発21時15分の「6列車」です。尻内（現在の八戸駅）着23時00分、発23時5分、盛岡着1時、発1時7分、仙台着3時43分、発3時50分、平（現在のいわき駅）着6時4分、発6時11分、水戸着7時30分、発7時34分、終点上野（6番ホーム）着9時25分、とあります。

途中の盛岡、仙台、平の各駅ではそれぞれ7分間の停車時間がありますが、これは牽引している機関車の付け替え作業に充てられているためです。

二子山親方は後年自書で車内の様子を「高谷を上段に、下山を下段に寝かせる。私は向かいの下段に座りひとり酒を飲み続けた。実は特急が停車する度に小便に行くとでも言って逃げられるのが心配でたまらず監視していた」と書いています。

当時のゆうづるには、一等寝台車B室（等級廃止後にはA寝台に当たる）ナロネ21が2両、二等寝台車（同B寝台）ナハネ20が8両のほか、荷物車のカニ21、食堂車のナシ20、指定席二等車（同普通指定席）のナハフ20が各1両ずつ牽引されています。二子山親方の

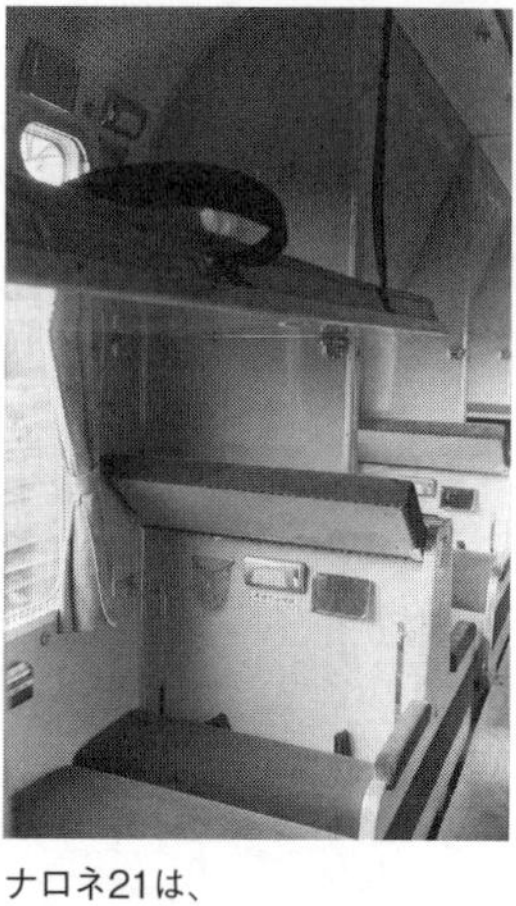

ナロネ21は、
特急あさかぜでも使用

書の中に、Ａ寝台券を用意した云々という件がありますが、実際に発した言葉は一等寝台券と言う単語であろうかと推測されます。この頃にはＡ寝台というものはなく、一等寝台車Ａ室Ｂ室と呼んでいたはずで、編集者か誰かが、わかりやすくするためにＡ寝台という単語に置き換えたのではないかと思うのです。

また、元隆の里である鳴戸親方は、後年、「ずっと監視していたと言う話は尾ひれがついている。しかし一晩中寝台の明かりがついていた」と語っています。鳴戸親方もなかなか眠れなかったそうで、仙台あたりまでうつらうつらして、ようやく眠りに着くことができたそうで

す。茨城県に差し掛かる頃には外は明るかったと述べています。

調べたところ、昭和43年7月7日の水戸気象台発表の日の出時刻は4時22分です。列車が水戸に到着するのは午前7時30分。当時の寝台ベッドが車内で使用できる時間帯は、夜21時から翌朝7時までと決まっていますので、もしかしたらその前に目が覚めてベッドが直されて座席仕様に変換されたのかもしれません。

土浦駅を過ぎたあたりでは3人向かい合わせに座り、二子山親方からさまざまな話を聞いたそうです。高価なベルトのバックルやネクタイピン、腕時計などを見せられて「相撲で強くなればこのような物はすぐにでも買える。土俵にはお金が埋まっているのだ」。また車掌さんが通れば、「今度うちに入るんだ。どうだ、大きいだろう」と話しかけます。若い自分に自信を持たせるようにしていたのだろうと、鳴戸親方は回想しています。

そうしているうちに上野駅に到着します。その衝撃は凄まじかったそうです。いくつものホームを有し、天井もとてつもなく高い。地元の浪岡駅とは何もかも違う……。

迎えの白いオペルに乗せられて、杉並区の阿佐ケ谷駅近くの二子山部屋に到着したのは稽古後の昼食時でした（相撲部屋は1日2食で、朝は食べない習慣があり、午前11時くらいは昼食を食べる時間帯になる）。そこで生まれて初めて牛肉のすき焼きを食べたのだそうです。

前日の昼までは青森の普通の高校1年生だったのです。地元の英雄、日本のスーパースターが力士としてのスカウトに訪れ、その日の晩に寿司をたくさん食べ、乗ったことのないA寝台列車で上京し、昼食にはすき焼きを食べることになろうとは、少年たちに想像ができたでしょうか。ましてや2人の少年は、後の横綱二代目若乃花と隆の里となり、幕内優勝もそれぞれ4回ずつ果たすのですから、すごいという表現では足りないほどのエピソードです。

大相撲史にとって「6列車　青森発上野行　寝台特急ゆうづる」は、絶対に欠かすことのできない超優等出世列車ということになります。

私個人としては、時刻表から列車情報を紐解けたことに少なからずの満足感を得たことを、追記しておきます。

東京駅は横綱土俵入りをイメージしている

明治から大正にかけて活躍した建築家・辰野金吾の代表作に、明治42年（1909年）竣工の旧両国国技館と、大正3年（1914年）竣工の東京駅があります。

あまり知られた話ではありませんが、東京駅は横綱の土俵入りをイメージした設計とも言われています。丸の内側に下り立ち、駅前から振り返ると、腰を割って両手を広げてせり上がる豪快な不知火型の横綱土俵入りのような駅舎が見られます。不知火型とは、白鵬関が土俵入りで行っている豪快な型のことです。さらに、東京駅中央ヴォールト頂部飾り（正面頂部に取り付けられたオブジェ）をよくよく観察してみますと、関取のシンボルである大銀杏（おおいちょう）を結い上げた頭部と、両手を大きく広げた不知火型土俵入りをモチーフにしたものが確かに飾られています。

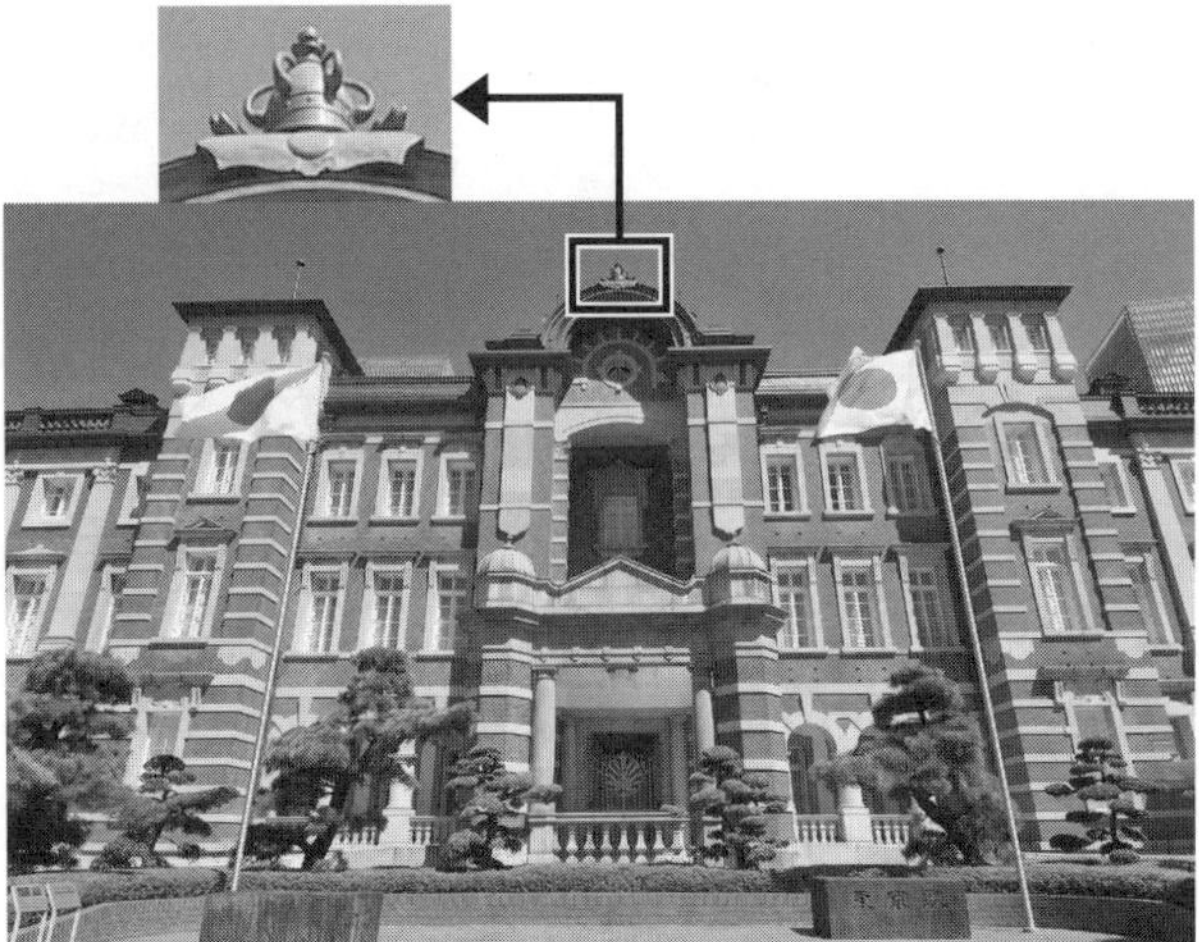

東京駅

辰野金吾の好角家ぶり

実は、辰野金吾は大の相撲好きとしても知られていました。当時小学生だった2人の息子、隆（ゆたか）と保を出羽海部屋へ稽古に行かせ、後の横綱常ノ花寛市とも稽古を行っています。兄弟が高校生と大学生であった頃には、座敷で相撲をとっては障子の桟を折ったり襖に穴をあけたりすることを見かねて、庭の隅に相撲をとれるようなバラックを建ててやると宣言し、実際に兄弟の書斎にも寝室にも道場にもなるような、八畳と十畳のバラックを建てたそうです。しかし、新築落成の日には、兄弟の十番勝負によって襖をつきやぶられているのですが。

新築の襖を突き破って尻もちをついた長男の隆は、昭和25年（1950年）から終生にわたり横綱審議委員（横綱昇進を預かる日本相撲協会直属の諮問機関）を務めていました。

東京駅に限らず辰野金吾が設計した建物は、その重厚さから相撲の仕切りをイメージしたものだと評されています。実際、建築物の棟上げや完成の都度、金吾はそこで四股を踏み、横綱土俵入りの真似事まで行っていたと伝わっています。大相撲の様式美に魅せられて、横綱土俵入りをイメージした東京駅の完成を見た金吾は、どんな思いで四股を踏み、横綱土俵入りの真似事を行ったのでしょうか。

駅舎で夏合宿

第63代横綱旭富士の伊勢ヶ濱親方は、青森県つがる市〔旧西津軽郡木造（きづくり）町〕出身です。第70代横綱日馬富士を筆頭に、大関照ノ富士、関脇宝富士、安美錦、幕内照強など多くの関取を輩出している伊勢ヶ濱部屋の師匠です。

伊勢ヶ濱部屋は、毎年七月場所が終わると、夏巡業に帯同しない力士を連れて、約1週間の日程で「木造合宿」を行っています。

木造とは、五能線の駅の名前です。五能線は青森県・川部駅から秋田県・東能代駅間を結ぶ全長147・2kmのローカル線です。車窓には日本海の絶景、のってたのしい列車「リゾートしらかみ」も走っていますし、人気犬「わさお」が駅長を務めていた鰺ケ沢駅も五能線の駅のひとつです。

さて、この五能線木造駅、駅舎に高さ約17mの巨大な土偶モニュメントが装飾されている、びっくりするような見かけの駅舎なのですが、「木造合宿」の際は宿舎として利用されるというから驚きです。待合室内に観光案内所と売店があり、駅舎の2階部分が公共施設になっていて、そこが力士の宿舎となります。稽古も駅で……といきたいところですが、残念ながら構内に稽古土俵はありませんので、町内の相撲道場へ出向いて稽古をつけてい

出土した土偶を忠実に再現した木造駅

ます。

稽古以外のすべては、駅の中で行われます。外食もせずに、力士自らちゃんこをつくります。関係者や近隣住民を交えて力士と一緒にちゃんこ鍋を囲むこともあります。

駅舎の巨大土偶は、町内の亀ヶ岡石器時代遺跡から出土した遮光器形土偶を模しています。愛称は、「しゃこちゃん」。列車の発着時には「しゃこちゃん」の眼が光るので、「初めて目の当たりにしたときには、驚きと同時に怖かったです」と、合宿に参加した力士は笑いながら回顧していました。

合宿のほとんどは、相撲部屋単位で行われます。力士も普段の東京や、各地方場所の稽古場を離れることで、気持ちもリフレッシュし、高いモチベーションを持って相撲に打ち込むことができます。特に夏合宿で研鑽を積んだ力士の多くは、後にぐんと番付を上げ、結果を残します。実際に伊勢ヶ濱部屋においては、弟子の中から横綱・大関をはじめとする多くの関取を輩出しています。

地方巡業とは別に、地域交流や新弟子の発掘という重要な役割を担っていますので、多くの相撲部屋は合宿を行います。時には地元の中高生の相撲部員との合同稽古となる場合もあります。とはいえ、伊勢ヶ濱部屋のように、駅舎を拠点として合宿を行う相撲部屋は非常に稀です。

地方の鉄道駅は、地域交流や観光拠点としての機能も担っています。木造駅のように相撲部屋が使用することも、また新しい地域交流や観光拠点の一つとして注目されていってもらいたいと、個人的には願っています。

そして、伊勢ヶ濱部屋のように、駅舎合宿からたくさんの強い力士が出て来ることを大いに期待しています。

大相撲ラッピング列車が走る

平成26年10月21日、香川県高松市で秋巡業・大相撲高松場所が開催されました。これに伴い同県内で運行されている「ことでん」(高松琴平電気鉄道)では現役力士の図柄を施した大相撲ラッピング列車が運行されました。期間は同年6月23日から10月24日までで、運行区間は高松市の高松築港駅から仲多度郡琴平町の琴電琴平駅間の琴平線32・9kmでした。1200形(元京急700形)車両1211+1212の2両編成が1日最大8往復運行されました。

白鵬、日馬富士の両横綱の土俵入りのせり上がる姿や、横綱鶴竜、香川県小豆島出

平成26年秋巡業、高松場所の告知で走ったラッピング列車。
琴勇輝関は香川県小豆島町出身

ことでんのマスコットキャラクター
「ことちゃん」も力士に変身

身の十両琴勇輝の仕切り姿等が用いられた、迫力かつインパクトのあるラッピングに仕上がっていて、沿線の風景にその姿がよく映えたものでした。

2年後の平成28年6月20日から10月25日にも、同年10月25日に開催された高松場所PRのための大相撲ラッピング列車が運行されました。このときは１０８０形車両（元京急１０００形）１０８３＋１０８４の車両が充当され、先述の三横綱の他、稀勢の里、琴奨菊、豪栄道、照ノ富士の四大関に加えて、小結琴勇輝、さらには香川県仲多度郡琴平町出身の十両天風の各関取衆が大銀杏姿に胸上の正面を向いた図柄が採用されました。ことでんの公式キャラクター、イルカ駅長の「ことちゃん」の、化粧まわしに横綱を着けた図柄「ことちゃん大相撲バージョン」も登場して、オリジナルステッカーなどのグッズ配布も行われました。

ラッピング列車は、テレビ・新聞等に取り上げられたほか、ＳＮＳ等で拡散されるなど、大きな反響を呼び起こしました。地方巡業のＰＲにつながったことはもちろん、全国から相撲ファン、鉄道ファンが集まってきたそうです。これをきっかけに、鉄道ファンが大相撲に興味を持ったり、また大相撲ファンが鉄道に興味を持ったりといった相乗効果が期待されます。

このようなコラボは他の地域でもどんどんやっていただきたいと思います。残念ながら私はこの列車に乗車することは叶いませんでしたが、もし次の機会があるならば、出掛けていって、乗車したり、写真を撮ったりしたいと思います。

私と、その名も「大行司駅」との出逢い

それは、私が行司になってからずいぶん経った後のことでした。時刻表の路線図をなぞっていたら、不意にその駅名が目に飛び込んできたのです。

「大行司……」

大相撲の行司と関係があるのか、例えば行司ゆかりの地があるのかなど非常に興味を抱きました。ですが、福岡県・東峰村役場の観光課の方にうかがったところ、「大行司」の駅名の由来は、駅が設置してあるその近辺がいわゆる小字の大行司という地名であることから来ている、という理由だけでした。

平成24年10月、十一月場所のため福岡入りしていた私は、時間を見つけて大行司駅へ行ってみることにしました。篠栗駅から福北ゆたか線で新飯塚へ、さらには後藤寺線に乗り換えて田川後藤寺へ出てから、日田彦山線に乗り継いで大行司駅へ向かいました。

初めて訪れた大行司駅は非常に美しく、村も謳っているように、まさに日本の原風景とも言えるものでした。ホームは駅舎から77段もある石の階段を上った築堤上にあり、山肌に張り付くような感じで設置された相対式2面2線ホームで、単線列車同士が行き違いができる交換可能駅でした。ホームから見た夕焼けに染まる東峰村の山々と、そこに自生しているすすきの穂が秋風に揺れているその様子にすっかり魅せられてしまいました。さらに石段を降りると木造の駅舎が、何ともいえない佇まいとなっていて、私はすっかりこの駅が大好きになってしまいました。

この日は周りをひととおり見て駅を離れることにしました。再訪の際には、絶対に行司の装束を着てここで写真を撮ろうと思いました。

1年後の同じ時期に、私は同部屋の行司2人を連れて、大きなカバンに行司装束一式と軍配を忍ばせて、再び大行司駅を訪れました。人が来ないのを見計らって、駅舎内で急いで身支度を整えました。行司装束に身を纏った私たちは思い思いの場所で撮影しました。大行司駅に大相撲の行司が装束に身を纏い降り立つ。不思議な感じでした。

ちなみにこの撮影は、完全なプライベートです。町のイベントでも、日本相撲協会のPRでもありません。

写真は、私のSNSのアカウント等に使用しています。しかしながらそんな大行司駅も、自然災害の影響で不通区間上の駅となってしまいました。

記念撮影

装束と場所を変えて、もう一度

豪雨で被災した大行司駅

ＪＲ九州の日田彦山線は、福岡県北九州市小倉南区の城野駅から大分県日田市の夜明駅に至る営業キロ68・7キロの全線非電化単線の地方交通線です。起点は城野駅ですが、日豊本線小倉駅まで直通運転が行われていて、また夜明駅から日田駅間も久大本線を経て直通運転が行われていました。しかし令和２年12月現在は、添田駅から日田駅間で運行を休止していて、代替バスの運行がされています。

平成29年７月５日から６日にかけて、九州北部豪雨があり各地に甚大な被害をもたらしましたが、日田彦山線も例外ではなく、特に添田駅以南の彦山川を走る区間では橋脚が傾き、トンネル内の土砂流入や盛土の流出などがありました。なかでも大行司駅では大雨による土砂崩れで駅舎が倒壊し、駅構内の路盤が崩壊するという大きな被害を受けてしまいました。

駅舎は、平成20年にＪＲから東峰村に譲渡されています。無人駅となった駅舎の一部は喫茶店に活用されるなど、地域交流の場として親しまれてきました。九州豪雨で倒壊したのち、令和元年には復元され、完成記念式典が行われました。駅名にちなみ、私の先輩、行司の最高峰である立行司、第41代式守伊之助親方が筆を取り駅の看板を揮毫しました。

式典には第62代横綱大乃国の芝田山親方も出席しました。

駅舎は復元しましたが、この駅に列車はもう停車しません。令和2年5月、東峰村は鉄道での復旧を断念し、BRTバス（高速輸送システム）の転換を受け入れることになったのです。東峰村は最後まで鉄道での復旧を模索していましたが、ついに叶うことはありませんでした。村長は苦渋の決断だったと思います。

たとえ鉄道が走らなくても、大行司駅の駅舎は、村のシンボルとして地域の住民に親しまれ続けていくことを期待したいと思います。

コラム

国技館が、もとは両国駅だったという事実

両国駅長を訪ね、アルバムをめくる

　ＪＲの駅の横で大相撲をやっているのは、ここ両国だけです。心の声に自慢じみたものが混ざってしまいました。国技館は、総武線各駅停車の両国駅西口を出てすぐのところにあります。駅の横どころか、国技館が建っている場所はかつての両国駅の敷地内です。

　某日、両国駅の西山駅長を訪ねました。事前に両国駅の歴史についてうかがいたいと伝えていましたので、駅長ご自身が編纂を加えた両国駅の歴史を記した手作り冊子と、分厚いアルバム十数冊が用意されていました。冊子の巻末には、昭和33年（１９５８年）現在の両国駅構内線路図がありました。読み解くには少し難解な線路図ではありましたが、線路は20ほどあり、ＳＬの給水タンクや転車台もある広大な駅だったことがうかがえます。「この線路図でいうと、南側ほんの一部に当たる１・２番線のホームが総武線各駅停車、3番線が自転車&サイクリスト専用のB.B.BASEなど臨時列車の発着ホームとして使用さ

今回お話をうかがった
JR東日本の第15代駅長
西山様。両国駅長室にて

記念入場券

れています」と、駅長が教えてくれました。3番線ホームについては、本場所中にイベント、例えば「ご当地おでんで燗酒～両国駅で飲みましょう」なども行われるので、私も機会をみてお邪魔しています。

一方、線路図の北側、貨物線路や貨物用の設備として使用されていた約1万8000㎡という広大な敷地に、今の国技館が建っているというわけです。

西山駅長と一緒に、分厚いアルバムをめくりました。国技館建築予定地、国技館建築時の様子や落成当時の駅の写真がありました（落成記念の入場券は、もちろん私も購入済）。国技館が建っている場所に、国鉄バスの駐泊場も見られて、懐かしさがこみあげてきます。

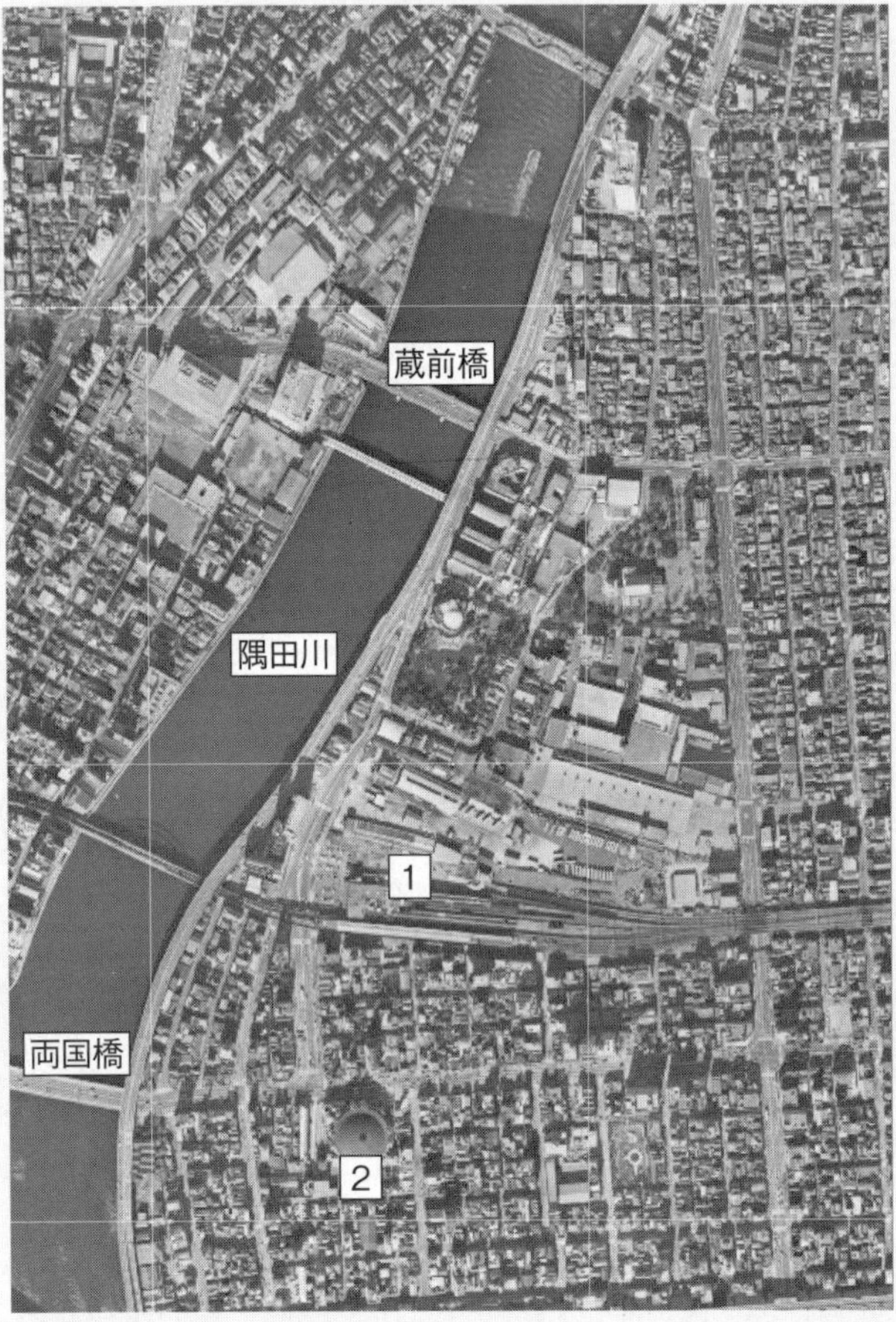

両国駅1が広大であった頃の空中写真。東西に延びる線路を挟んで南側に「大鉄傘」と呼ばれた旧両国国技館2が見える
出典：国土地理院撮影の空中写真（昭和53年撮影）

現在の国技館③はかつての両国駅の構内に建てられた。蔵前国技館は、隅田川を挟んで東側④であった
出典：国土地理院撮影の空中写真（平成2年撮影）

「両国という地に国技館を持ってくる」という長年の夢

そもそも相撲と両国には、天保4年（1833年）に回向院境内が相撲の定場所となって以来のかかわりがあります。その後、明治42年（1909年）、回向院の隣に辰野金吾と教え子の葛西萬司の設計で建てられた旧両国国技館は、関東大震災や東京大空襲などによる焼失と再建を繰り返し、戦後にGHQの接収を受けました。それから野外や仮設施設での興行を経て、隅田川を越え、蔵前国技館と呼ばれた2代目の国技館に移ります。蔵前国技館は、海軍の飛行機工場の鉄骨資材の払い下げを受けた建物であり、老朽化も進み、昭和50年代半ばになると新国技館を建設しようという構想が起こりました。場所についてはさまざまな議論があったものの、両国駅の国鉄用地に白羽の矢が立てられました。

私は、日本相撲協会の春日野理事長には「両国という地に国技館を持ってくる」という長年の夢があったのだと思うのです。やはり、「相撲は両国」でなければならなかったのです。

両国の土地購入費は94億円

新国技館の建設総工費は161億5000万円と見積もられました。日本相撲協会は、

両国駅構内用地は国鉄から日本相撲協会へ売却。
契約書を取り交わす春日野理事長（左）と高木国鉄総裁

蔵前の土地を東京都の汚水処理場候補地として143億円で売却、日本相撲協会として貯め続けた96億円も建築総工費に充てました。見積の端数（端数といっても11億5000万円）については、建築会社のもとに現役時代のライバル・横綱若乃花（初代）の二子山親方と出向き、「栃若2人、社長を負かしにきました」と値引き交渉に挑んだという伝説があります。そして、日本相撲協会は、建設総工費をまかなうことに成功したのです。両国の土地の購入費は94億円でした。

昭和60年（1985年）1月の国技館落成式に向けて、春日野理事長は、祝辞を依頼するために首相官邸を訪れています。そこで、中曽根総理（当時）が「日本相撲協会は、あんな立派なものをお造りになるし、借金のない経営だそうですね。大蔵大臣と話して、総理大臣も、大蔵大臣も、親方の真似をしなくちゃいけない。まず国鉄にいろいろ教えてもらいたい（笑）」というようなことを話している映像を見たことがあります。

両国駅も大きく変化

両国駅の一部が売却されるという背景には、国鉄の貨物部門縮小という時代との合致もありますが、両国駅そのものの変化も大いに関係しています。

両国駅は、今でこそ職員（JR東日本社員）わずか20名（令和2年現在）という小規模な駅ですが、昭和40年代半ばまでは都心から房総各方面への唯一の始発駅として賑わい、荷物輸送においての一大中継拠点としての役割を果たす巨大駅でした。昭和25年の職員は「小荷物掛」「貨物掛」「操車掛」なども含めて総勢３２３名、昭和43年でも１５７名の職員がいました。

しかし昭和47年の東海道線と総武線を連絡する東京地下ルート完成、東京駅から外房線・内房線へ直通する特急新設など、両国駅は房総へのターミナル駅としての地位を失うことになりました。貨物輸送の営業も昭和45年に廃止しています。

平成16年の両国駅開業100周年イベントでは、
二子山親方（元大関貴ノ花）が一日駅長を務めた

時代の流れの中で、国鉄は活用にあまりある広い土地を売却することで赤字を少しでも解消することができましたし、駅の横に国技館ができることで国鉄利用客の増加が見込まれました。

そして、両国駅は大相撲とともに

現在、かつての房総への始発駅・中継基地・貨物駅として活躍した両国駅は、国技館への最寄り駅という役割を担っています。構内を歩けば、改札内コンコースの土俵の円や、「満員御礼」の垂れ幕が大相撲気分を盛り上げてくれます。令和2年9月には第58代横綱千代の富士関の優勝額が新たに設置され、お披露目記念展にて4日間各日先着50名限定で配布された「特別記念入場硬券」はまたたく間にはけてしまう人気ぶりでした

両国駅構内、第58代横綱千代の富士の優勝額

（なんと最終日は10分で配布終了とか！）。平成28年には、特急・急行の発着で使用された旧駅舎が日本相撲協会監修の土俵もある複合飲食施設「-両国-江戸NOREN」として生まれ変わりました。私が中学生の頃には、今の「-両国-江戸NOREN」が建っている場所にタイルのようなもので造られた土俵があって、そこで友だちと実際に相撲をとったことも思い出されます。

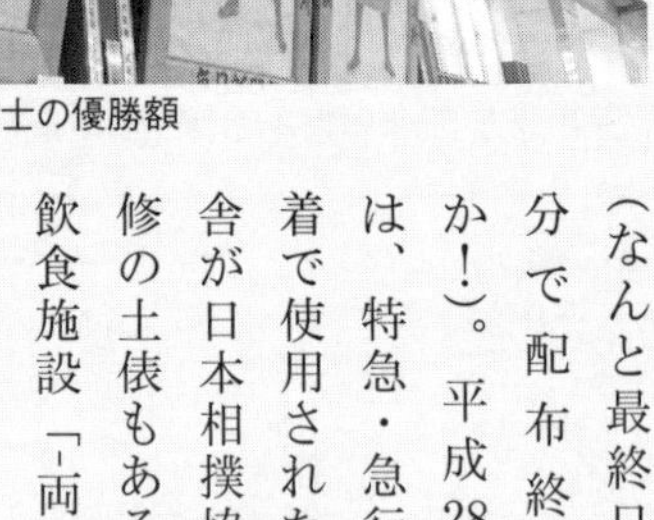

特別記念入場硬券のサンプル。
本来はきっぷ券面に日付が刻印された

西山駅長が、普段は使われていない3番線ホー

両国駅3番線ホームより。左手に総武線（各駅停車）、右手に両国国技館

ムを案内してくれました。平成22年まで乗り入れていた新聞輸送列車を最後に、定期列車の発着がなくなったホームです。平日昼間の3番線ホームはおだやかで、先端まで歩いてから振り返ると、国技館は柵のすぐ向こうです。駅の風景と一体化しています。

今の国技館の中には、往時の「駅」を偲べるものは残念ながら残っていません。地下の印刷室などから総武快速が走る音が聞こえることで、壁一枚向こうが線路なのだなあと感じることがあるかないか、といった程度です。

しかし、国技館の正面に立つと、かつて子どもの頃見ていた、目の前に線路がわーっと広がる、壮大な操車場の風景と重なる感じがするのです。

おわりに

本を書くということ

大相撲と鉄道という本を出版するのですが鉄道といえば銀治郎さん。いろいろお話をうかがいたいと思いますが……。

令和2年1月下旬、能町みね子さんからの連絡を受けて東京神楽坂のカフェへと向かいました。出版社の方を交えて3人、私は持ち合わせている知識や事例を話しました。このときはまだ私がこの本を執筆することになるとは微塵も思っていませんでした。しかし後日になって再び能町さんから「出版社の方と相談の上、いっそのことこの本は銀治郎さんに執筆してもらおうかと考えています」……！　驚きました。本など書いたこともありません。文章力がなく学がない自分にそんな大それたことができるのだろうかと最初は不安しかありませんでした。しかし私はこれを引き受けることにしました。生涯こんな機会は訪れることがないと思いました。またさまざまな角度で大相撲について書かれた文献や研究発表は散見されますが、切り口が鉄道というジャンルでの文献は皆無だったこともありました。講演などで私が仕事内容の一つとして語ることはあっても、文章として残っているものはありませんでした。

本を書くといえば鉛筆と原稿用紙。パソコンを使って書くのではなく、あくまで原稿用紙に鉛筆で書くことにこだわりました。書き終えたときにその書き高がひと目でわかるようにというのも理由の一つでした。

こうして執筆が始まりました。

コロナ禍での執筆

令和2年一月場所が終わり、来たる三月場所までの間は準備期間に充てました。各方面への申請や許諾の有無、ページの割り振りや執筆内容までわからないことだらけだった私を出版社の平岩美香さんが迅速かつ丁寧に導いてくださいました。そうした中で今般のコロナ禍です。三月場所は無観客開催となり四月春巡業を含む年内の巡業すべてと五月場所が中止になりました。また七月と十一月の各場所はそれぞれ名古屋、福岡の開催から東京国技館での開催へと変更を余儀なくされました。

2月に執筆スケジュールを組み立て本場所と地方巡業中は執筆活動をしないようにしていたので、この結果皮肉にもスケジュールに余裕が生まれ、緊急事態宣言を受け外出禁止と自宅待機を言い渡されていたのもありましたので一層机に向かう時間が増えていきました。しかしながら肝心の図書館や大宮の鉄道博物館は無期限の休館でしたし、相撲協会からは外出禁止と自宅待機を言い渡されていましたので、調べ物などに苦労をしました。自身が所有している文献を最大限活用し、足りないものは持っている方から送ってもらったりと工夫をして執筆をしました。調べものをしながらの執筆だったこともあり、1ページ1行書くにも2週間もの時間を費やしたりと、本を書く、文書を書く大変さをしみじみと感じました。

そんな中で6月に入ってからは少しずつですが図書館などへも足を運べるようになり、8月の暑い中必死に鉛筆を削り原稿用紙と「がっぷり四つ」になり取りかかりました。新しかった長い鉛筆は補助キャップを装着しなければならないほど短くなり、消しゴムがみるみる小さくなっていきました。気がつけば自室から見える庭の柿の木に大きな実が赤くなり始めた10月中旬にようやくすべての原稿を脱稿することができたのです。

令和2年は1本しか走らなかった相撲列車

新型コロナウイルスは私たちの生活を根底から覆しました。令和2年は結局2月23日13

時33分東京駅発、新大阪着16時26分のひかり115号の1本のみの運行でした。力士のほとんどはマスク姿での乗車でした。三月場所終了後の相撲列車は感染拡大を懸念して運行されず、部屋単位で帰京しました。この頃から感染者の数が日に日に増えていき、世の中が混乱の渦中にありました。

師匠　峰崎親方

私の師匠である峰崎親方は現役時代三杉磯を名乗り、前頭2枚目を最高位に昭和50年代を中心に活躍した力士です。現役時代は影の輸送係とも言われていたほど巡業中は時刻表を肌身離さず持ち歩き、相撲団本隊とは別行動をしながら他の関取衆とともにさまざまな列車を駆使して移動していたそうです。引退後峰崎部屋を興し、私は行司として平成2年3月に師匠の元へ入門しました。以来30年以上の師弟関係が続いていますが、来たる令和3年三月場所をもって停年を迎えるにあたり、峰崎部屋は閉鎖することになりました。

かつて部屋の倉庫にはHOゲージの鉄道模型がたくさんあったことを思い出します。また師匠は地方へ出かけて行ったらその土地でしか売っていない鉄道グッズを買ってきてくださいました。ある年の三月場所前には大阪への乗り込みにあたり、各々札幌で待ち合わせて、当時運行されていた寝台列車トワイライトエクスプレスで大阪入りしたことも良い思い出です。縁あって弟子にしていただいて、私が鉄道旅をする時には温かく見守ってくださる優しい師匠でした。この本も師匠の停年へのはなむけと言ってはおこがましいですが、もしそうなれば私もうれしい限りです。

峰崎親方夫妻には15歳の時から今日に至るまで本当にお世話になりました。いくら感謝しても感謝しきれません。この場を借りて厚く御礼申し上げる次第です。

またこの本の執筆は、たくさんの方々の協力なしでは成し得ないことでした。資料提供やアドバイスなどご協力くださいましたすべての方々に厚く御礼申し上げます。

木村銀治郎

原稿束と短くなった鉛筆、小さくなった消しゴム

おもな参考資料

『東日本旅客鉄道株式会社　旅客営業規則　旅客営業取扱基準規程』　中央書院
『九州旅客鉄道株式会社　旅客営業規則　旅客営業取扱基準規程』　中央書院
『東海旅客鉄道株式会社　旅客関係単行規程集』　運輸研究会　日本鉄道図書
『北海道　鉄道駅　大図鑑』　本久公洋　北海道新聞社
『国鉄の基礎知識』　所澤秀樹　創元社
『鉄道の基礎知識』　所澤秀樹　創元社
『最新版　JR全車両大図鑑』　原口隆行（編著）　井上廣和（写真）　世界文化社
『鉄道車両色見本帳1　国鉄・JR編』　鉄研三田会　交友社
『国鉄監修　交通公社の時刻表』　日本交通公社
『JR時刻表』　交通新聞社
『JTB時刻表』　JTBパブリッシング
『鉄道ダイヤ情報』　交通新聞社
『東奥日報』　東奥日報社
『朝日新聞』　朝日新聞社
『中日新聞』　中日新聞社
『Number』　文藝春秋
『相撲』　ベースボール・マガジン社
『土俵　わが青春』　若三杉寿人　立風書房
『土俵に生きて　若乃花一代』　二子山勝治　東京新聞出版局
『DVDマガジン第16号　大相撲名力士風雲録　２代若乃花　隆の里』
　ベースボール・マガジン社
『59代横綱隆の里』　東奥日報社
『戦後新入幕力士物語　第3巻・第4巻』　佐竹義惇　ベースボール・マガジン社
『雷電日記』　渡邉一郎（監修）　小島貞二（編）　ベースボール・マガジン社
『昭和の全三役力士略伝』　野宮明雄
『一以貫之』　二十九代木村庄之助　高知新聞社
『東京駅の建築家　辰野金吾伝』　東 秀紀　講談社
『絵解き東京駅ものがたり』　山口雅人（資料写真）　イカロス出版
『東京駅と辰野金吾』（図録）　吉川盛一・水野信太郎（編）　東日本旅客鉄道
『辰野隆随想全集5　忘れ得ぬことども』　辰野 隆　福武書店
『大相撲語辞典』　福家聡子（著）　木村銀治郎（監修）　誠文堂新光社
『新国技館の記録』　SD編集部（編）　鹿島出版会
『歴代横綱伝』　鳥海宗一郎　フジ出版
『旧唐津銀行　展示解説シート』

木村銀治郎（きむら ぎんじろう）
昭和49年生まれ。本名 糸井紀行、旧姓 遠藤。幕内格行司。平成2年三月場所初土俵。平成26年十一月場所幕内格昇進を機に三代・木村銀治郎を襲名。土俵上のさばきのほか、大相撲の魅力を伝えるべくテレビやラジオ、雑誌などで活躍、講演活動なども行う。監修に『大相撲語辞典』（誠文堂新光社）。

〈イラスト〉能町みね子（のうまち みねこ）
昭和54年生まれ。エッセイスト、イラストレーター。相撲愛好家でもあり、テレビやラジオの相撲番組における軽快なトークが人気。

交通新聞社新書150
大相撲と鉄道
きっぷも座席も行司が仕切る!?
（定価はカバーに表示してあります）

2021年2月15日　第1刷発行

著　者――木村銀治郎
発行人――横山裕司
発行所――株式会社　交通新聞社
https://www.kotsu.co.jp/
〒101-0062　東京都千代田区神田駿河台2-3-11
NBF御茶ノ水ビル
電話　東京（03）6831-6550（編集部）
東京（03）6831-6622（販売部）

印刷・製本―大日本印刷株式会社

ISBN978-4-330-00821-9